陳福成著

陳福成著作全編

第三十六冊　胡爾泰現代詩臆說

文史哲出版社印行

國家圖書館出版品預行編目資料

陳福成著作全編 / 陳福成著. -- 初版. --臺北
市：文史哲,民 104.08
頁： 公分
ISBN 978-986-314-266-9（全套：平裝）

848.6 104013035

陳福成著作全編

第三十六冊 胡爾泰現代詩臆說

著 者：陳 福 成
出 版 者：文 史 哲 出 版 社
http://www.lapen.com.tw
登記證字號：行政院新聞局版臺業字五三三七號
發 行 人：彭 正 雄
發 行 所：文 史 哲 出 版 社
印 刷 者：文 史 哲 出 版 社
臺北市羅斯福路一段七十二巷四號
郵政劃撥帳號：一六一八〇一七五
電話886-2-23511028 · 傳真886-2-23965656

全 80 冊定價新臺幣 36,800 元

二〇一五年（民一〇四）八月初版

ISBN 978-986-314-266-9 08981

陳福成著作全編總目

壹、兩岸關係

①決戰閏八月
②防衛大台灣
③解開兩岸十大弔詭
④大陸政策與兩岸關係

貳、國家安全

⑤國家安全與情治機關的弔詭
⑥國家安全與戰略關係
⑦國家安全論壇。

參、中國學四部曲

⑧中國歷代戰爭新詮
⑨中國近代黨派發展研究新詮
⑩中國政治思想新詮
⑪中國四大兵法家新詮：孫子、吳起、孫臏、孔明

肆、歷史、人類、文化、宗教、會黨

⑫神劍與屠刀
⑬中國神譜
⑭天帝教的中華文化意涵
⑮奴婢妾匪到革命家之路：復興廣播電台謝雪紅訪講錄
⑯洪門、青幫與哥老會研究

伍、詩〈現代詩、傳統詩〉、文學

⑰幻夢花開一江山
⑱赤縣行腳・神州心旅
⑲「外公」與「外婆」的詩
⑳尋找一座山
㉑春秋記實
㉒性情世界
㉓春秋詩選
㉔八方風雲性情世界
㉕古晟的誕生
㉖把腳印典藏在雲端
㉗從魯迅文學醫人魂救國魂說起
㉘六十後詩雜記詩集

陸、現代詩（詩人、詩社）研究

㉙三月詩會研究
㉚我們的春秋大業：三月詩會二十年別集
㉛中國當代平民詩人王學忠
㉜讀詩稗記
㉝嚴謹與浪漫之間
㉞一信詩學研究：解剖一隻九頭詩鵠
㉟囚徒
㊱胡爾泰現代詩臆說
㊲王學忠籲天詩錄

柒、春秋典型人物研究、遊記

㊳山西芮城劉焦智「鳳梅人」報研究
㊴在「鳳梅人」小橋上

總序：陳福成的一部文史哲政兵千秋事業

陳福成先生，祖籍四川成都，一九五二年出生在台灣省台中縣。筆名古晟、藍天、司馬千、鄉下人等，皈依法名：本肇居士。一生除軍職外，以絕大多數時間投入寫作，範圍包括詩歌、小說、政治（兩岸關係、國際關係）、歷史、文化、宗教、哲學、兵學（國防、軍事、戰爭、兵法），及教育部審定之大學、專科（三專、五專）、高中（職）等各級學校國防通識（軍訓課本）十二冊。以上總計近百部著作，目前尚未出版者尚約二十部。

我的戶籍資料上寫著祖籍四川成都，小時候也在軍眷長大，初中畢業(民57年6月)，投考陸軍官校預備班十三期，三年後（民60）直升陸軍官校正期班四十四期，民國六十四年八月畢業，隨即分發野戰部隊服役，到民國八十三年四月轉台灣大學軍訓教官。到民國八十八年二月，我以台大夜間部（兼文學院）主任教官退休（伍），進入全職寫作高峰期。

我年青時代也曾好奇問老爸：「我們家到底有沒有家譜？」

他說：「當然有。」他肯定說，停一下又說：「三十八年逃命都來不及了，現在有個鬼啦！」

兩岸開放前他老人家就走了，開放後經很多連繫和尋找，真的連鬼都沒有了，茫茫無垠的「四川北門」，早已人事全非了。

但我的母系家譜卻很清楚，母親陳蕊是台中縣龍井鄉人。她的先祖其實來台不算太久，按家譜記載，到我陳福成才不過第五代，大陸原籍福建省泉州府同安縣六都施盤鄉馬巷。

第一代祖陳添丁、妣黃媽名申氏。從原籍移居台灣島台中州大甲郡龍井庄龍目井字水裡社三十六番地，移台時間不詳。陳添丁生於清道光二十年（庚子，一八四〇年）六月十二日，卒於民國四年（一九一五年），葬於水裡社共同墓地，坐北向南，他有二個兒子，長子昌，次子標。

第二代祖陳昌（我外曾祖父），生於清同治五年（丙寅，一八六六年）九月十四日，卒於民國廿六年（昭和十二年）四月二十二日，葬在水裡社共同墓地，坐東南向西北。陳昌娶蔡匏，育有四子，長子平、次子豬、三子波、四子萬芳。

第三代祖陳平（我外祖父），生於清光緒十七年（辛卯，一八九一年）九月二十五日，卒於（年略記）二月十三日。陳平娶彭宜（我外祖母），生光緒二十二年（丙申，一八九六年）六月十二日，卒於民國五十六年十二月十六日。他們育有一子五女，長子陳火，長女陳變、次女陳燕、三女陳蕊、四女陳品、五女陳鶯。

以上到我母親陳蕊是第四代，到筆者陳福成是第五代，與我同是第五代的表兄弟姊妹共三十二人，目前大約半數仍在就職中，半數已退休。

寫作是我一輩子的興趣，一個職業軍人怎會變成以寫作為一生志業，在我的幾本著作都詳述（如《迷航記》、《台大教官興衰錄》、《五十不惑》等」。我從軍校大學時代開始寫，從台大主任教官退休後，全力排除無謂應酬，更全力全心的寫（不含為教育部編著的大學、高中職《國防通識》十餘冊）。我把《陳福成著作全編》略為分類暨編目如下：

壹、兩岸關係

①《決戰閏八月》②《防衛大台灣》③《解開兩岸十大弔詭》④《大陸政策與兩岸關係》。

貳、國家安全

⑤《國家安全與情治機關的弔詭》⑥《國家安全與戰略關係》⑦《國家安全論壇》。

參、中國學四部曲

⑧《中國歷代戰爭新詮》⑨《中國近代黨派發展研究新詮》⑩《中國政治思想新詮》⑪《中國四大兵法家新詮：孫子、吳起、孫臏、孔明》。

肆、歷史、人類、文化、宗教、會黨

⑫《神劍與屠刀》⑬《中國神譜》⑭《天帝教的中華文化意涵》⑮《奴婢妾匪到革命家之路：復興廣播電台謝雪紅訪講錄》⑯《洪門、青幫與哥老會研究》。

伍、詩〈現代詩、傳統詩〉、文學

⑰《幻夢花開一江山》⑱《赤縣行腳・神州心旅》⑲《「外公」與「外婆」的詩》、⑳《尋找一座山》㉑《春秋記實》㉒《性情世界》㉓《春秋詩選》㉔《八方風雲性情世界》㉕《古晟的誕生》㉖《把腳印典藏在雲端》㉗《從魯迅文學醫人魂救國魂說起》㉘《60後詩雜記詩集》。

陸、現代詩（詩人、詩社）研究

㉙《三月詩會研究》㉚《我們的春秋大業：三月詩會二十年別集》㉛《中國當代平民詩人王學忠》㉜《讀詩稗記》㉝《嚴謹與浪漫之間》㉞《一信詩學研究：解剖一隻九頭詩鵠》㉟《囚徒》㊱《胡爾泰現代詩臆說》㊲王學忠籲天詩錄。

柒、春秋典型人物研究、遊記

㊳《山西芮城劉焦智「鳳梅人」報研究》㊴《在「鳳梅人」小橋上》㊵《我所知道的孫大公》㊶《孫大公思想主張手稿》㊷《金秋六人行》㊸《漸凍勇士陳宏》。

捌、小說、翻譯小說

㊹《迷情・奇謀・輪迴》㊺《愛倫坡恐怖推理小說》。

玖、散文、論文、雜記、詩遊記、人生小品

㊻《一個軍校生的台大閒情》㊼《古道・秋風・瘦筆》㊽《頓悟學習》㊾《春秋正義》㊿《公主與王子的夢幻》51《迴游的鮭魚》52《男人和女人的情話真話》53《台灣邊陲之美》54《最自在的彩霞》55《梁又平事件後》。

拾、回憶錄體

56《五十不惑》57《我的革命檔案》58《台大教官興衰錄》59《迷航記》60《最後一代書寫的身影》61《我這輩子幹了什麼好事》62《那些年我們是這樣寫情書的》63《那些年我們是這樣談戀愛的》64《台灣大學退休人員聯誼會第九屆理事長記實》。

拾壹、兵學、戰爭

65《孫子實戰經驗研究》66《第四波戰爭開山鼻祖賓拉登》。

拾貳、政治研究

⑰《政治學方法論概說》⑱《西洋政治思想概述》⑲《中國全民民主統一會北京行》⑳《尋找理想國：中國式民主政治研究要綱》。

拾參、中國命運、喚醒國魂

㉑《大浩劫後：日本311天譴說》、《日本問題的終極處理》㉒《台大逸仙學會》。

拾肆、地方誌、地區研究

㉓《台北公館台大地區考古・導覽》㉔《台中開發史》㉕《台北的前世今生》㉖《台北公館地區開發史》。

拾伍、其他

㉗《英文單字研究》㉘《與君賞玩天地寬》（別人評論）㉙《非常傳銷學》㉚《新領導與管理實務》。

我這樣的分類並非很確定，如《謝雪紅訪講錄》，是人物誌，但也是政治，更是歷史，說的更白，是兩岸永恆不變又難分難解的「本質性」問題。

以上這些作品大約可以概括在「中國學」範圍，如我在每本書扉頁所述，以「生長在台灣的中國人為榮」，以創作、鑽研「中國學」，貢獻所能和所學為自我實現的途徑，以宣揚中國春秋大義、中華文化和促進中國和平統一為今生志業，直到生命結束。我這樣的人生，似乎滿懷「文天祥、岳飛式的血性」。

抗戰時期，胡宗南將軍曾主持陸軍官校第七分校（在王曲），校中有兩幅對聯，一是「升官發財請走別路、貪生怕死莫入此門」，二是「鐵肩擔主義、血手寫文章」。前聯原在廣州黃埔，後聯乃胡將軍胸懷，「鐵肩擔主義」我沒機會，但「血手寫文章」的

「血性」俱在我各類著作詩文中。

人生無常，我到六十三歲之年，以對自己人生進行「總清算」的心態出版這套書。

回首前塵，我的人生大致分成兩個「生死」階段，第一個階段是「理想走向毀滅」，年齡從十五歲進軍校到四十三歲，離開野戰部隊前往台灣大學任職中校教官。第二個階段是「毀滅到救贖」，四十三歲以後的寫作人生。

「理想到毀滅」，我的人生全面瓦解、變質，險些遭到軍法審判，就算軍法不判我，我也幾乎要「自我毀滅」；而「毀滅到救贖」是到台大才得到的「新生命」，我積極寫作是從台大開始的，我常說「台大是我啟蒙的道場」有原因的。均可見《五十不惑》、《迷航記》等書。

我從年青立志要當一個「偉大的軍人」，為國家復興、統一做出貢獻，為中華民族的繁榮綿延盡個人最大之力，卻才起步就「死」在起跑點上，這是個人的悲劇和不智，正好也給讀者一個警示。人生絕不能在起跑點就走入「死巷」，切記！切記！讀者以我為鑒！在軍人以外的文學、史政有這套書的出版，也算是對國家民族社會有點貢獻，對自己的人生有了交待，這致少也算「起死回生」了！

順要一說的，我全部的著作都放棄個人著作權，成為兩岸中國人的共同文化財，而台北的文史哲出版有優先使用權和發行權。

這套書能順利出版，最大的功臣是我老友，文史哲出版社負責人彭正雄先生和他的夥伴們。彭先生對中華文化的傳播，對兩岸文化交流都有崇高的使命感，向他和夥伴致上最高謝意。

台北公館蟾蜍山萬盛草堂主人　陳福成　誌於二〇一四年

五月榮獲第五十五屆中國文藝獎章文學創作獎前夕

關於《胡爾泰現代詩臆說——發現一個詩人的桃花源》

我從脫下軍服才和詩壇有一點點接觸，詩友間有各種交誼，發現詩人大多經營自己詩的時間多而專注，經營別人詩的時間少而論述不足；或要讀別人的詩，也僅在一本詩集看幾首詩，寫一篇應酬短文交差。對於一個詩人一輩子，假設暫時算到六十歲出版六到八本詩集，得詩約千首，你讀他，讀了多少？讀了幾首詩？

幾年前我發現這種「問題」，絕大多數是「從一粒沙看世界、從一朵花看天堂」，讀人家幾首詩就論斷其一輩子作品如何！包括我自己也有這種毛病，於是我設法改變讀詩方式。我大約改以四個月到半年爲一個時段，此期間選擇一個詩人讀他已出版的全部作品，選擇條件在別書已說過不贅述。如已出版的《王學忠》、《一信》、《范楊松》

都算是我的讀詩心得報告。

選讀胡其德作品是我幾年前就有的讀書計畫。（胡其德，筆名胡爾泰、秋陽，一九五一年生於台灣台南，一九九〇年取得台灣師大文學博士，是爲人謙虛、低調的教授、詩人。）本書以胡教授以下四本詩集爲選本：

秋陽，《翡冷翠的秋晨》，台北，麥田出版，二〇〇〇年八月一日，內文簡稱《翡》集。

胡爾泰，《香格里拉》，台北，萬卷樓出版，二〇〇七年八月．內文簡稱《香》集。

胡爾泰，《白色的回憶》，台北，萬卷樓出版，二〇一〇年八月．內文簡稱《白》集。

胡爾泰，《聖摩爾的黃昏》，台北，秀威資訊出版，二〇一四年元月．內文簡稱《聖》集。

本書是我在二〇一三年秋冬之際和二〇一四年春，讀胡教授四本現代詩集的心得詩寫。如何定位本書？我自己也說不準，不能說是很正式的研究，也不大談文學理論，也許是較有系統的讀詩心得。到底如何？就如書名「臆說」，餘均由讀者看倌的自由心證去裁判。

以一個階段針對一個作家或一個單一主題（或作家作品），專心深入去理解、研究，並寫出研讀心得，可以改善「只讀自己詩、不讀別人詩」的毛病，我有意在文壇做一種「示範」；再者，這種方式對策勵自己專心讀書，頗有「推力」，深值一用，也和文人雅士諸友分享。

感謝著名出版家、文史哲出版社老闆彭正雄先生，我和他多年合作，他無怨無悔，他並一再堅持要對中華文化、兩岸交流做出供獻。他的使命感讓我等覺得，吾人做的不夠，要再努力加油，敬請批評指教，不勝馨香期盼。（台北公館蟾蜍山萬盛草堂主人　陳福成　二〇一四年春草誌）

胡爾泰現代詩臆說
——發現一個詩人的桃花源

目 次

教授、詩人胡爾泰與眾文友（本書照片由范揚松提供）

右起：吳明興、胡爾泰、藍清水、張夢雨、范揚松、陳福成、封玫玲。

書畫家張夢雨（左）、胡爾泰（右）

眾人觀賞張夢雨教授揮椽

11　教授、詩人胡爾泰與眾文友

Linda 陳湘綾（左）、胡爾泰（右）

左起：胡爾泰、畫家陳錦芳、曾詩文、范揚松、陳福成

左起：陳福成、吳家業、范揚松、胡爾泰

周喬安（左）、胡爾泰（右）

13　教授、詩人胡爾泰與眾文友

左起：胡爾泰、黃丙喜、范揚松、許文靜

藍清水（左）、胡爾泰（中）、黃丙喜（右）

教授、詩人胡爾泰為大家解詩

文友雅聚

胡爾泰（右二）與文友

藍清水（左）、胡爾泰（左二）

第一輯　《翡冷翠的秋晨》讀後

《翡冷翠的秋晨》「逍遙遊」篇讀後

我這輩子雖然也算寫詩四十年，讀詩、創作大概也數不清了，但我知道自己弱點何在？尤其近幾年來我調整自己讀詩的方式，不求多而求「寡」，不求廣而求深，或許也狃於習性，常常愛鑽營牛角，乃至想鑽天打洞。

這個求寡求深鑽營辦法，我還鑽了一點成績，每一段時間我鎖住一個詩人作品，好好鑽他，我鑽他的天空「打洞」，企圖鑽入他的世界，仔細鑽研詩人的詩國山水人文，果然有些成果。《中國當代平民詩人王學忠》、《詩俠范揚松》、《一信詩學研究》等都按計畫完成出版。

我找尋鑽營對像也有一定的限制，通常我要能「鑽」得進去，有些詩人的作品我是鑽不進去的，這和風格、習性、層次、詩觀都有關係，胡其德（《翡》集是以筆名「秋陽」出版）部份遊歷西方各國的作品，我讀起來有些勉強。少數用德、法文書寫的詩，我也鑽不進去。但讀過這麼多胡詩，最能稱道的是意象經營、意境深遠和空靈美感，此三者是我讀胡詩最深刻的感受。

《翡》集第一輯是「消遙遊」，有十首詩，《翡冷翠的秋晨》詩題兼書名，又取「秋陽」筆名，想必是彰顯蕭索、冷瑟的氣氛，秋的意涵本是孤寂的，詩人走在一條寂寞的路上，用詩和自己對話。難怪胡大詩人說，〈一朵孤獨的雲〉一詩，實際上就是自己的心靈告白。本文就先賞讀〈翡冷翠的秋晨〉：

微雨飄過羅馬門
終止於馬基維雅利小徑上
黃葉地
秋神的足跡
直登伽利略小廣場
且在林下流連
陽光穿透樹葉

發出翡翠的光芒
佩脫拉克的詩篇
在空中盤旋

忘卻聖徒
忘卻聖靈
或許也可以暫時忘卻上帝
詩人之國自成秩序
不必契約　不必正義旗手
和諧正自我建構

永恆的翠玉
阿諾河　亙古的綠
朗費羅的　徐志摩的
我的愛

在羅馬之外
翡冷翠的秋晨
微冷而清翠
而沉醉

一九九五年八月

這首詩有些人名地名，每個名字都代表若干故事或意涵，馬基雅維利可能是政治學之父馬基維利，佩脫拉克應是詩人。詩人的這個秋晨，一定很早，詩人起得早，出去走走散步，才會感受秋意的寂靜，路上飄落的黃葉是秋神的足跡，有佩脫拉克的詩篇在空中翩飄，表示這個地方真是秋詩翩翩秋意濃。

爲什麼要忘卻聖徒、聖靈和上帝？我的解讀約概同存在主義者，上帝不死，人找不到自己，永遠不知道「我是誰？」詩人期待**「詩人之國自成秩序／不必契約不必正義旗手／和諧正自我建構」**，這些都要在沒有上帝替你做主時，你才能成爲一個真正獨立、自主的詩國領主，由詩人自己經營自己的詩國。

一個秋晨，詩人獨自在小徑上散步，寧靜才會讓人有詩意的感受，有想要寫詩的靈感，有西方的朗費羅，有東方的徐志摩，這些靈感都在翡冷翠的秋晨醞釀著，釀詩的環境是**「微冷而清翠／而沉醉」**，難怪釀出清麗又典雅的詩。

這一輯的〈薩茨堡短歌〉、〈迦里葉的家〉、〈拉文納的一夜〉等多首，很有意境和空靈美感，很適合在悠閒時佐以咖啡或茶賞讀之。但我要以〈萊頓的黃昏〉爲例，討論形式問題。

詩人在他的自序中提到，爲開拓不同的書寫方式，嘗試不同形式。有時在兩詩節之間安插一個語詞或句子，產生上下相銜接作用，多首中如〈萊頓的黃昏〉：

一抹微紅
輕輕地滑過
藍絲絨的天空
盪漾開來

小酒館的燈
暈黃跌落
水中　未眠的睡蓮

擎起　如鏡一般

透明的護城河

語聲飄落
晚禱吹起的微波

小城已黃昏

戊寅仲夏夜寫於萊頓

這是一個新嘗試，就像一節節火車廂，中間有「詹天佑」連接著。但我前後讀幾回，發現有兩個缺失。一者破壞了三節三個風景的獨立性，二者剝奪了讀者想像、移覺、深思的機會。若將「盪漾開來、擎起如鏡一般、小城已黃昏」三句刪除，則如攝影家拍出三張美麗典雅的照片，所以這三句我看來有些麻煩，不屬上也不屬下。刪除這三句後再抄如下，讓更多讀者的視覺和感覺再判斷：

一抹微紅
輕輕地滑過
藍絲絨的天空

小酒館的燈
暈黃跌落
水中　未眠的睡蓮

透明的護城河
語聲飄落
晚禱吹起的微波

以三段九行呈現萊頓的黃昏，使意象單純鮮明，意境較高而美（因爲沒有其他牽扯），也有比較多的想像空間，空靈空間更顯寬闊。惟詩的覺知是很主觀，未來有機會可針對這首詩的兩種表達，辦「民意調查」，看結果如何！

本輯的〈威尼其之水〉和〈嘆息橋〉二詩，算是一種形式實驗，也是詩人的創新。我個人對詩較不在意形式，意境、真情和美感才是吸引我的條件。

〈冬日・磯崎〉一詩感覺可以刪掉半數重復的字，改寫成「**山脈　海岸／沙灘　浪潮／冷風　等待／／風浪沙灘海岸山脈都寂寞／冬日的磯崎／寂寞的等待**」。原詩三段12行73字，我簡化成兩段6行33字。如此這般好不好，想必要由更多讀者看倌來「品頭論足」了。

「狂想曲」，不朽經典才誕生

在真實世界、現實人生中，我們要避免成爲一個狂人，我們要向謙卑者、布施者的進路去修行；但在藝術創作（任何形式）領域，我鼓勵藝術探索或創作表達，只管瘋狂，只管寫出自己幻思的狂想曲。

爲什麼真實人生不能成爲狂人？因爲上帝說過「要毀滅一個人先使他發狂」，所以當狂人狂幹是很危險的。當伊拉克前總統海珊被貼上「狂人」標籤後，不久就被老大（美帝）毀了，其實他在叢林裡不過是一隻「兇狠的兔子」，還是兔子，不知道自己只是一隻兔子，竟發狂的去遭惹邪惡的大野狼，被一口吃了，也是自找死路。是故，在真實的叢林世界中，想當狂人，能爲所欲爲的狂想狂幹，必先確認自己是頂層掠食者，否則就是活的不耐煩了！

超現實 動物狂想曲

人间福报、2014、元、11.

一隻溜冰的小雞、一頭振翅高飛的犀牛、單手伏地挺身的烏龜……，這些超現實主義的動物藝術照充滿了奇幻和童真。大自然雖然創造了一個個生命奇蹟，但卻不會使用繪圖軟件為其錦上添花。據英國《每日郵報》九日報導，日前，瑞士IT狂人約翰威廉將拍攝的一組野生動物照片，發揮他的奇異狂想，透過圖像處理軟體加工，製作成了超現實主義的動物藝術照。　圖／取自網路藝術創作、表達大可瘋狂，如這幅「動物狂想曲」圖片，是瑞士IT狂人約翰威廉拍攝的動物照片，再加上軟體處理，呈現超現實主義的藝術照。事實上我們看古今一些經典作品，之所以能不朽或帶領風潮，如《西遊記》、《封神榜》、《哈利波特》系列等，不就是創作者的狂想曲嗎？在創作構思到完成作品，作者就是一個狂人。

詩人創作詩歌，投入一生無數精氣神力，到達一個不凡的境界時，他不僅是個狂人、痴人，不是普通人；或者層次更高時，他根本「不是人」了！例如，當代大詩人洛夫是「詩魔」，打開中國歷史，李白是詩仙、杜甫詩聖、王維詩佛、李賀詩鬼，還有孟郊是「詩囚」、賈島是「詩奴」。愛詩寫詩到了成奴、成囚、成鬼，想必和魔相差無幾了！

我深入研讀詩人胡其德各類詩作（傳統、現代），尚未能以前面那些魔、鬼、仙、佛、囚、奴等比擬胡兄作品，可見胡詩之狂想尚未達極限。法國詩人波德萊爾曾說，每個詩人心裡都有一個「魔」。這麼說來，每個詩人多少具備一些「魔性」，差別的只是程度，大狂想小狂想！

《翡》集的第二輯「狂想曲」，有七首狂詩，大多尚在正常的範圍內，並未真的瘋狂到成奴成鬼的地步。〈蜘蛛〉一詩，從蜘蛛的異想天開，最後變成詩人的筆心，這是蜘蛛的狂想，是詩人的想像。〈秋之歌〉是五首微型詩的組曲，有三首我最欣賞：

秋色

紅與黃與綠
爭相奪取
最後一場時裝秀的風采

風

一陣狂飆
來自海上
仆倒於屋脊和陽光之間

雨

一群清客
踮著腳　彈跳古典芭蕾
在老舊閣樓的屋頂

一九九七年十月寫於萊頓

從意象構築、意境鋪展欣賞，〈雨〉最高妙，〈秋色〉次之，〈風〉再次。把雨說成一群清客，不僅意象鮮活，也把形像移覺並擬人化，「清」也適合雨的屬性，雨水下來尚未經人的污染，是清流、清淨，也同時是詩人的心境，用最少的字表達最高境界，很高明也見詩人用心。

接著，這些清客踮著腳，彈跳古典芭蕾，踮腳跳芭蕾又是一個唯美的意象畫面，連繫兩組意象，意境完全出來，而這些只是雨下在屋頂，經狂想構思美化成詩作。另在〈普羅旺斯狂想曲〉的五首短詩，不論意象捕抓、意境經營及空靈美感的呈現，都要給他最大掌聲和贊嘆！試賞其中三首。

薰衣草

藍色的髮浪
綠色的槳
戴著我　目光之船
駛向遙遠的地平線

聖維克多山

一大塊白雲
掉在赭石的原野
和虞美人合作
把烈日　也燒紅

月之泳

一輪明月
掉入藍色的泳池
西向　一個翻滾
碎成滿天星斗

一九九八年六月寫於法國普羅旺斯的艾克斯

我讀胡兄詩作受到一點空間限制，某些在西方各國各城鎮所寫，那些地方的地理歷史文化是我未曾親身經歷，我會產生疏離感。但好詩應有普遍性，好就是好，誰讀都叫好，例如〈薰衣草〉，觀光區常有的美景，詩人想像成藍色的髮浪，綠色的槳都很貼切，詩人若僅做眼前美景的描述，便沒有境界。所以，這首詩之所以產生意境，讓空靈的感覺產生無限性，是後兩句**「戴著我目光之船／駛向遙遠的地平線」**。象外的延伸無限寬廣，表示薰衣草園是很大一片，幾可一望無垠，每位讀者都能設想身歷其境，你感受到場景氣氛是否如這詩意？

〈裸女畫〉、〈廢墟之舞〉、〈想〉等詩雖非狂想，但想像的張力、誇飾都夠，否則廢墟就「舞」不起來了，何況要叫廢墟產生美感、涵泳意境本來就困難。

〈想〉，**「擁妳於瀑布下／吸吮峰頂重簾的水珠／烏雲的秀髮／也下起了一簾的雨」**，以及〈裸女畫〉詩句，**「雲雨翻轉／一個紅色的夢」**，意涵豐富的女人意識，許多男性詩人說過，女人是詩創作重要動力和源頭，是有一定的理論根據的。

總的來說，這輯雖名狂想曲，我覺得狂想的張力不足，狂想的程度亦不夠；若能更瘋、更狂，必能喚醒「魔性」，必有不朽經典誕生。如白居易詩**「酒狂又引詩魔發，日午悲吟到日西」「唯有詩魔降未得，每逢風月一閒吟」**。啊胡爾泰，大狂想吧！更瘋更狂，讓胡詩的不朽經典誕生！

「浮世繪」，玩中國方塊字的魔術師

《翡》集的第三集「浮世繪」有六首詩，胡兄說是類散文詩，我看比較像詩。六首中有三首在描繪畫家作品，尤其〈畫家與模特兒〉一詩，讓我回憶四十年前翻譯過的愛倫坡短篇小說情節，數十年後我出版《愛倫坡恐怖推理小說經典新選》（文史哲出版，二〇〇九年二月），也收錄了這篇小說。

愛倫坡（Edgar Allan poe, 1809-1849），是美國近代重要詩人、小說家，尤其是「恐怖推理小說之父」。英國小說家柯南道爾（Sir Arthur Conan Doyle, 1859-1930），於一八八六年在〈朱紅的研究〉（A study in Scarlet）小說中，創造「福爾摩斯」（Sherlock Holmes）角色，就是利用愛倫坡恐怖推理小說的原型、元素，再加以發揚光大。

愛倫坡的一篇小說叫「橢圓形肖象」（The oval portrait, Graham's Maganize, April, 1842），描寫一則畫家和模特兒的詭異故事，畫家以新婚妻為模特兒畫像，每畫完一部份，新婚妻就添增幾分衰老。最後畫終於殺青了，畫家恍恍惚惚的站起來，失魂落魄的凝視他的作品時，只感到一陣陣顫慄寒冷，面色蒼白，大叫一聲：「這就是活生生的生命啊！」他回首看他的新婚妻——她已經死了！

小說過程還有很多詭異情節，趣者可自行看我那本翻譯小說，這裡提到只是小說結論。在《翡》集的這首〈畫家與模特兒〉一詩，與愛倫坡那篇〈橢圓的肖像〉，情節幾乎「一模一樣」，我大大懷疑，詩人可能從愛倫坡小說得到靈感，用詩表達小說情節。賞讀〈畫家與模特兒〉一詩，抄錄比較之。

那女郎走了進來　坐在墊子上
卸下白色的袍子　調整姿勢
然後動也不動
剎那間　變成了一尊肉身雕像
進入了

畫家的雙眼　直視前方

等待著時機捕捉獵物
眼光穿透骨骼和肌理
刀一般的炭筆
漸漸地把獵物肢解了
擠出五顏六色的血
在畫布上渲染擴散開來

過了很久
畫家停下筆
那女郎走出畫家的眼框
進入精美的畫框
像一具掛在牆壁上的標本

二〇〇〇年四月

這首詩從第一段女郎進入畫室，剎那間坐成一尊肉身雕像。第二段是畫家繪畫過程，捕捉獵物，穿透肌骨，獵物肢解了，擠出血在畫布上渲染，凡此都是詩人企圖運動文字，以產生魔幻效果；詩最後暗示模特兒死了（一具標本），整個布局和愛倫坡小說同樣驚悚、詭異。在〈老巫師的自白：記畫家劉其偉〉詩，詩人也企圖製造魔幻效果（想像力擴張），賞讀二、三段：

我是一名狩獵者　我獵山豬也獵女人
我用想像力扣扳機　獵物在眼前倒下　鮮血濺到
我的畫上　我用顏料的咒語　讓死去的動物復活
因為

我是一名醫術高明的畫家
我畫馬　畫優婆鳥　畫犀牛和老虎
我把牠們納入一裁棉布　又讓牠們從畫中走出
我不遵遁任何規則　潛意識是我唯一的嚮導
我其實什麼都不是　我只是一個天才

但願人們懂得
我畫的每一道符咒　在我回歸祖靈之後

一九九三年八月十四日夜訪劉其偉歸來後一日作

在〈畫家與模特兒〉詩中，詩人用了兩個「獵」字，**「等待著時機捕捉獵物」「漸漸地把獵物肢解了」**。在〈老巫師的自白〉詩中，有更多的獵字，**「我是一名狩獵者　我獵山豬　也獵女人」「獵物在眼前倒下」**。真實情況，只不過畫家在創作，但用「畫」字畫山豬、畫女人，就毫無一點詩味，亦無誇飾想像效果，歷代詩人無不追求「語不驚人死不休」的創新創意構句用詞。改用「獵」字，所有詩語言講求的效果，全都呈現出來了，這是詩人玩中國方塊字的功力，已具有魔術、魔幻的水平。

這兩首用「獵」的詩也有性暗示之意涵，兩性關係中男人大多有「捕捉獵物」的心態，把女人當成「獵物」，其實是生物學的本能，其他動物界的雄性皆如是。所以，女權運動或女性主義者，最終目標要推翻所謂「父權」或男性中心主義，大概是一種「不可能的任務」，因爲這是自然法則。

本輯另幾首詩，胡兄也大秀他玩方塊字的功力，〈鋼管秀〉**「偶然一個撞擊／火球**

墜地／撞出一陣喧嘩聲／／墮落的美學／世紀末的頹廢」，「墮落美學」運用了矛盾詞的特殊修辭法，目的在造成駭人、驚愕的效果，作家最常用。如余光中在《白玉苦瓜》〈蒙特瑞半島〉，有詩句「茫茫的靜，靜靜的喧囂」。乃至大家諷刺五百年來，中國第一大貪污家族陳水扁一家人說，「窮得只剩下錢」，都是此類矛盾語的運用。

「存有三態」，創新、實驗

《翡》集第四輯「存有三態」，按作者秋陽（胡其德）在〈自序〉說，是自創的寫法，嘗試從不同視角、不同思維，來看同一種東西、同一個主題，且每一首詩一定分成三個詩節，三者之間既爲獨立，又有相關。這種寫法，作者說從亞里斯多德的「三段論法」，得到靈感，也是一種創新。本輯六首詩中，我最欣賞〈鄉愁三帖〉，看看那裡創新？要別家都沒有才算自創、創新：

大學食堂裡
盲眼的黑人　翻著白眼珠
嘴角流出　你來自非洲嗎
……………

閣樓中
蜷居者的目光　投射窗外
定格在　屋角的鴿子
…………
路上
孤獨的旅者　猛然回首
尋覓　一個熟悉的聲

一九九七年十一月寫於萊頓

三個場景、三個意象，都緊緊地扣住主題鄉愁，三個場景也是三個各自獨立的故事，各自獨立成一首三行小詩，而三者合一也是一首詩。第一個黑人意象很清楚，找尋非洲朋友以慰思鄉之情；第二個意象也不難理解，蜷居者目光定格在屋角的鴿子，因爲鴿子會從故鄉稍來訊息；第三個意象是孤獨的旅者，希望在旅途中找到故鄉來的人。

我說最欣賞，是因三個簡單而鮮明的意象，共構成濃濃的鄉愁。這種在一首詩中有數個獨立的詩節，各有不同故事。吾人無從進行「普查」，以證明是否作者自創，但李商隱的〈淚〉這首詩，與胡詩有相同的方法：

永巷長年怨綺羅，離情終日思風波。
湘江竹上痕無限，峴首碑前酒幾多？
人去紫臺秋入塞，兵殘楚帳夜聞歌。
朝來灞水橋邊問，未抵青袍送玉珂。

這首詩的前六句是六個獨立的故事，第一句「永巷」是漢宮中幽閉有罪宮嬪之處，寫宮女之怨；第二句「思風波」是在家者思念在外風波中之行人；第三句是娥皇女英的故事；第四句寫西晉羊祜鎮守襄陽，有德政，死後百姓立廟建碑於峴山，每歲祭祀，望碑而墮淚；第五句是王昭君被遣匈奴的故事；第六句楚霸王項羽兵敗事。

六句有六個獨立的故事，緊緊的扣住主題「淚」，首句宮女失寵之淚，次句閨婦思夫淚，三是親人傷逝之淚，四是百姓懷德之淚，五是美人陷異域之淚，六是英雄末路淚。

但李商隱這首〈淚〉重點在末兩句，灞水橋邊問河水，才知道以上那六種傷心事，哪裡比得上寒士忍辱飲恨、陪送貴人的痛苦。因爲迎送貴人，要強顏歡笑，這是才志之士最難堪的痛苦，淚水只能往肚裡流！詩到此，令人豁然開朗，原來前六句都是「抬轎」的，末兩句才是詩的本旨。

舉李商穩的詩，與胡詩做方法、結構上的比較，胡詩〈鄉愁三帖〉我認爲意象、意境、結構都很成功。本輯另有〈旅者的口糧〉、〈倫敦印象〉、〈時間與空間〉、〈秋聲三調〉、〈寫真透視〉，結構上概同，只是意象意境的呈現沒有鄉愁來得鮮明高雅。

品賞胡詩，大約是自然中流露真性情，先「意」而含蓄，用心營造意象和意境，也勇於嘗試新方式，深値給他掌聲。秋陽在〈自序〉中說，意有古今，詩無新舊，新詩應當是新的表達形式和新意境的開拓。我讀過他這麼多新詩作品，他做到了，他心想事成。

「心語手記」，心齋虛靜的心靈體驗

讀胡詩的直覺感受是他很「認真」，他說每寫一首詩，是心靈的一次冒險，一次淬煉，並非虛言。他總是精心營造詩的氣氛，善於捕捉瞬間美感，使意象鮮活，意境空靈。我掩倦深思之，詩人的那顆「詩心」要有怎樣的寧靜、虛靜，才能產出典雅風格的「胡氏精品」？俗話常言「人心不可測」，這確實，但詩人的心是所有各類人種中，最具真誠、真性情。故，以詩人讀詩人的「心」，不會有太高難度，尤其胡兄和我同屬范揚松的「大人物朋友圈」，當老范的「門下食客」很久了，從胡詩讀「胡心」，我大約有七、八成把握。

顏回請教「心齋」，孔子說：「若一志，無聽之以耳而聽之以心，無聽之以心而聽之以氣。耳止於聽，心止於符。氣也者，虛而待物者也。唯通集虛，虛者，心齋也。」換言之，「心齋」首要心神專一，心神專一的條件是閉目塞耳，不以感官接物，最終要

「聽之以氣」，「氣」直指心靈，就是用心靈體驗事物的境界。胡其德在創作每一首詩，他的心靈相信是經過這樣的沈澱過程，尤其在「心語手記」這輯的幾首詩，〈擎天崗之芒〉、〈暮春紀事〉，心靈虛靜要有「用志不紛，乃凝於神」的審美專注，才能張開藝術想像的翅膀，寫出好作品，試以〈驚天崗之芒〉一詩爲證賞讀之。

風之劍／／／
　地之矛
急鼓／／／
　密陣
白馬／／／
　硝煙
雪崩／／／
　浪湧
星沉／／／
　霧

茫

一九九六年十一月初稿・一九九九年三月定稿

創作這首詩須要有歷其境的經驗，心齋虛靜，把客觀形像之物意象化，急鼓、密陣、白馬、硝煙、雪崩等，都是詩人張開了想像的翅膀，把一片芒芒無垠的白芒花，捕捉入詩，那些直線讓這首詩圖像更鮮活。

住在台北地區的詩人，很多到過擎天崗，若季節適宜，一定可以看到這首詩的景像，詩人朋友們！你要怎麼創作一款擎天崗之芒？你要怎樣「聽之以氣」才能心神專一？一首空靈之詩才會在你心空閃出？

胡氏這首十一行短詩由十一個意象組成，「霧」、「茫」都以一個單字自成一個意象，全詩沒有形容詞和副詞，可謂徹底的洗鍊。《詩品淺解》說：「凡物之清潔出於洗，凡物之精熟出於鍊。」《詩品臆說》云：「不洗不淨，不鍊不純。」司空圖的《二十四詩品》第七品「洗鍊」這麼說：

如鑛出金，如鉛出銀。超心鍊冶，絕愛緇磷。

空潭瀉春，古鏡照神。體素儲潔，乘月返真。
載瞻星氣，載歌幽人。流水今日，明月前身。

胡詩風格洗鍊重意，幾可在每首詩感覺出來，他的詩重意也鍊意，如這首〈擎天崗之芒〉，白馬、密陣、雪崩、浪湧，整首詩由十一個「意」建構出完美的意境。《薑齋詩話》說：「無論詩歌與長行文字，俱以意爲主，意猶帥也，無帥之兵，謂之烏合。李杜所以稱大家者，無意之詩，十不得一二也。烟雲泉石，花鳥苔林，金鋪錦帳，寓意則靈。」鍛字鍊句之終極，即應是鍊意。《翡》集諸多鍊意作品，〈擎天崗之芒〉可爲代表精品。詩人若不能達到心齋虛靜，這種好詩如何能產出？另〈暮春紀事〉一詩，也是洗鍊之作，只是不如擎天崗之芒的意高與空靈：

春露浸泡了一夜
清冷的街道　空蕩蕩
一如太古的洪荒

陽光鑿破混混
灑下一片象徵之網　網中少女
蜷伏的身子　嬰兒的真淳

躡著腳走去
輕輕地揭開　記憶的
胞衣下　原始的鄉愁

一九九九年四月十八日初稿・六月十八日定稿

這首〈暮春紀事〉讀出什麼「事」沒？一個春天的早晨，浪跡天涯的胡詩人，早起走在清冷的街道上，如太古洪荒，這只是客觀環境的「象」。但「象外」才是詩的真相，那就是寂寞孤獨啊！千山獨行。第二段，陽光用「鑿破」混沌，力道很夠勁；最後第三段打開記憶的盒子，還是鄉愁。流浪最多的人才有最多的鄉愁，以及最多的寂寞。所以，〈暮春紀事〉其實無事，說一些寂寞，道一些鄉愁罷了！

〈給慕禮生〉詩，是詩人的美籍同事，經常往返五大洲，演講中國文化和西方史詩。

第一行「流浪的奧德塞」，是把慕禮生比喻奧德塞，似有欠妥。理由一是奧德塞的流浪是不得已的，他拼命想回國，回到妻子的身邊；而慕禮生流浪於五大洲是自願的，有使命的。理由二是奧德塞不得已的流浪，因其命運被眾神掌控；而慕禮生往返五大洲是自願的，命運掌控在自己手上。再者，慕禮生大概和胡爾泰同樣，有環遊世界的壯志，但奧德塞根本不想玩，他只想回家。

「愛的迷惘」，佳人意識再現

在我印象中，胡教授也善於寫情詩，多次在老范（范揚松）的大人物公司聚會時，他對現場驚艷的美女，能信手拈來，就是一首動人情詩。他的創作「俯首即是，不取諸鄰。俱道適往，著手成春。」這該是我所理解的心齋虛靜時，心靈空闊，涵蓋萬有，所造成的無窮藝術興會。

《翡》集第六輯「愛的迷惘」，我再度品賞六首有鮮明佳人意識的美宴，佳人美女永遠是詩人的理想國，詩人所要追尋的桃花源，〈妳從夢中走來〉：

妳從夢中走來
朦朧的身影
帶著一絲絲的水氣

羞赧的步子
霧一般
悄悄地港口攫住了

騷動不安的浪潮
敲打著荒蕪的海岸
喃喃的迴音凝結成
夜露 沾濕了一片
微光下
肉色柔軟的沙灘

二〇〇〇年二月

愛情和偉人都因距離，而產生浪漫美感和崇高尊敬。爲何?戀愛中男女都把「問題、缺點」藏起來，表現最好的一面給方看，兩方看到的全是「假相」，而實相是兩方距離很遠，看不清楚，霧一般，朦朧的身影，才是最浪漫唯美的。

我們對偉人（聖賢、歌神、天王、天后），也產生無限敬畏，這是距離創造出來的，我們看到他們被神格化後的真善美，而忘了偉人和自己一樣是要吃飯拉屎的凡人。如果問偉人的兒女「你老爸如何？」得到的答案肯定是：「啊！那個討厭的老頭子，一天到晚管東管西。」

若是詩人詩中的「天命情人」真的出現了，也真的和詩人結婚，那婚姻也很難維持，爲何？理由很簡單，情人就是情人，妻子就是妻子，亂了角色，秩序也亂了。所以，聰明的人永遠不要使情人變妻子，詩才如泉湧，有得寫；若情人變妻子，詩就沒得寫，因爲詩心乾枯了。

妳從夢中走來，朦朧的身影……美感來自距離，「悄悄地把港口攫住了」所指何來？第二段的後三句都有性的暗示。總的來看，這首情詩浪漫含蓄，給人有很大的想像空間。另一首〈伊人的臉〉：

太陽帶走的
青春的光彩
沉澱於

記憶的幽谷
蒼白的月
從幽谷浮起
望著
漲潮的眼波

一九九六年

詩人用兩種情況形容伊人的臉，一個是白天到黃昏，太陽帶走了青春的光彩，很久以前的事了，記憶潛伏在幽谷；到了晚上，記憶從幽谷浮現，「漲潮的眼波」就是情人的眼淚。那首〈一個夏日的午後〉，到底發生了什麼事？詩人沒說，給讀者保留最大的想像空間，但第一段**「我的心／被時光的列車輾碎」**，大約是情人移情別戀了，故使詩人心碎。

〈一陣風〉詩意所指爲何？有無限可能，情人如一陣風來了，又如一陣風去了，留下一陣惘然！一陣悸動。愛也如一陣風，忽有忽無，所以也是一陣迷惘。用「一陣風」

形容愛或情人都很貼切，有想像空間，也有空靈美感，任由讀詩的人自由心證。

〈遺忘的花園〉和〈醉月湖之戀〉，都假景物投射來描寫夢中情人，看來國無外敵會亡國，詩人若無夢中情人也會「亡筆」。

和我有深交的男性詩人，如「大人物文友群」，范揚松、方飛白等，都早已承認自己有「夢中情人」，筆者亦不例外。只能說，我們爲不亡詩筆，讓浪漫的詩章永不枯涸吧！

「懷舊與鄉愁」，那裡是心靈的原鄉

我打賭幾乎所有的詩人，一定寫過鄉愁這類作品，爲什麼？是不是詩人最多感多愁？也未必。應該說詩人心思最細膩，任何最微小的漣漪都會啓動詩人的靈感。而「鄉愁」這東東，存在我們生活環境的四週，每個人都會碰到，每個人都在追尋心靈原鄉。所以，鄉愁是一個「普遍性的存在」，有如地心引力。

出外工作的人久未回家，國外旅行數日後也想家，最嚴重的是兩岸中國人隔絕半個世紀，把兩岸思親思鄉的鄉愁加起來，恐怕比地球還重了！

把層次拉高到哲學、宗教領域，很多人會思索「我是誰？」的問題，我從何而來？要往何處去？當人生走到終點站時，你會牽掛著「會到那裡去？」是西方極樂世界嗎？天堂或地獄都有可能！就看十殿閻羅怎樣判決。若按正信佛教理論，根本不須要閻羅王判決，而是隨自己的「業」流轉，自動到該去的地方。故佛教有句話，「萬般帶不走，只有業相隨」！

鄉愁，原來是我們身心靈的一部份，詩人碰觸最多的題材大概是鄉愁。每個人都寫過鄉愁，最有名是余光中的「鄉愁」，兩岸政壇人物常引用，抄錄如次，與胡爾泰的鄉愁做比較觀察：

小時候
鄉愁是一枚小小的郵票
我在這頭
母親在那頭

長大後
鄉愁是一張窄窄的船票
我在這頭
新娘在那頭

後來啊
鄉愁是一方矮矮的墳墓
我在外頭
母親在裡頭

而現在
鄉愁是一灣淺淺的海峽
我在這頭
大陸在那頭

六一、一、廿二

余光中〈鄉愁〉一詩很沈重，如國共鬥爭史那般沈重，詩的張力很強，可以影響很多人，也有加速兩岸交流，乃至和平統一的潛力，因爲那頭是「母親」。詩中的母親可以是余光中的媽媽，但祖國也是母親。而延伸時間也很長，從詩人小時候到現在。再看秋陽在《翡》集第七輯〈鄉愁〉一詩：

霧一般
拂不去的　輕
悄悄地進入心房
虛幻了　眼前的景

跌宕又浮起
一顆心老是念著　昔日秋林
如夢的記憶
碎成亂碼　紛紛

群鴉鼓譟
隔斷了鄉音
珠露未成眠
醒釀一夜的濃愁

明朝
又將是一層白霧

一九九七年十一月寫於萊頓

兩種完全不一樣的鄉愁，余光中把鄉愁具體化（郵票、船票、母親的墳墓、海岸），以具體的形像直接意象化，對人產生直接的衝擊（感動或共鳴），是感官的，不須要太多想像力，讀者沒有什麼想像和空靈空間。

秋陽的〈鄉愁〉則把鄉愁虛幻化，霧一般佛不去的輕，讀起來不會像余光中詩那麼沈重。這和二人的生命歷程有關，余光中的鄉愁是由一場天大的災難而形成，如太空黑洞那般深，又如泰山壓頂那般重，苦難啊！

秋陽只不過到國外遊學，玩的不亦樂乎，離家久了難免想家，有一點淡淡的愁。只有第三段因**「群鴉鼓譟／隔斷了鄉音／珠露未成眠」**，才醞釀一夜的濃愁，其實並不濃，就算濃也只有一夜，時間很短，不會像余光中那樣愁了一輩子。

綜合品賞胡詩〈鄉愁〉，是淡淡的愁，意象化的愁，留下較多的想像空間，象外的空靈美感也較多。**「明朝／又將是一層白霧」**，愁是一片霧的輕，讀起來不會有沈重感。本輯另一首〈凡城之月〉也有鄉愁，**「雲海之螺／吹起鄉愁　如歌」**，這該是快樂的鄉愁。這輯一首〈懷念〉散發濃濃的台灣味：

只有大哥沒有大哥大的時代
還能在江湖中找到一個藏身之地

只有人腦沒有電腦的時代
冰冷的記憶之外還有溫暖的回憶

只有寫真沒有寫真集的時代
三圍和身高只用來分割黃金比

只有檳榔沒有西施的時代
情歌還可在如水的夜空流溢

……………

但

這究竟是一個什麼樣的時代

二〇〇〇年元月寫於台北

我相信「北京猿人」也會懷念他早年消逝的時代，他一定也看不慣他當下的時代，那些已經流走的童年時代才是珍貴的懷念。就像現在，老一輩的人生活在另一個世界，與年輕一代的世界，連「蟲洞」也無法溝通，「代溝」的存在相信每個時代都有，只是我們這一代人特別嚴重。很難適應，找到詩爲「出口」，而有懷念或批判。

〈懷念〉也是對這個時代的質疑和批判，這個時代太亂、太詭異了，什麼都是，也什麼都不是。一切都失去了章法，乃至失去了禮義廉恥……

另一首詩人寫於一九九八年法國老泉（Fontvieille），〈都德的風車〉，那地方我是陌生的，但詩典雅，很有蒼蒼悽涼的感覺。風車是蒼老的巨人，他的時代已經過去了，水已絕風也停，遊客也沒了，只有空洞的眼望著虛空。就像我常和太太在新店溪沿岸散步，看到外勞看護推著輪椅上的老者，孤寂的眼神望著蒼天，有感而無言：

蒼老的巨人
獨立於百年孤寂
望著虛空

水已絕
風已停
石已裂

遊客已別
詩人啊
你的故事向誰說

一九九八年六月七日寫於法國老泉（Fontvieille）

〈都德的風車〉老了，他很寂寞，連遊客也不理他了，所以他絕望。這幾年我也覺得自己有點老，再加上客觀環境呈現出「中華民國也老了」，碰到的朋友常在談中華民國還能撐多久，五年、十年、十五年……反正快打烊了，更覺得大家都老了，故事要向誰說？

尤其台灣詩壇上的詩人都是老一輩較多，對台灣社會的黑和亂，對政局的非理性操弄，一點辦法也沒有，大家不過寫寫詩發洩一下情緒。

「蒼老的巨人／獨立於百年孤寂／望著虛空」，中華民國現在就像這具「都德的風車」，快要被拿去當廢物處理了；或像百歲老人，兩眼無神，望著虛空？

「歷史的傷痕」，時間不一定能癒合

《翡》集第八集寫了不少歷史的傷痕，〈古龐貝人〉、〈古羅馬市政廣場〉、〈北京的憂鬱〉、〈釣魚台的省思〉、〈白樺林〉、〈巴比倫的俘虜〉，甚至看似無關的〈楓葉與袋鼠〉也潛藏著傷痕。而傷痕的造成一定有一段可怕的故事。或恐怖的政治事件，以及恐怖的天災人禍等，詩人處理這類題材，大致要「用典用事」，但典事不一定大家能了解，讀詩也就隔一座山，如這首〈白樺林〉讀者能瞭解多少？

霜雪侵蝕過的　蒼白
標記　寒源的歲月
瘦削的身子　一株挨著一株
像古老的圖騰柱

默默地　退守在
五號的國道　兩旁

圖騰柱上
黑色的　點點斑痕
印地安人
歷史的胎記
鮮血凝結而成

張開手臂
迎向天際
不死的心　等待
偶然翩臨的祖靈　在
暮春猶寒的風中

一九九八年四月寫於加拿大

詩人在自序說，初踏美洲大陸，在洛磯山尋訪印地安人的遺跡，有感於他們的遭遇而寫下〈白樺林〉這首詩。他們的遭遇是什麼?若不明真相，讀這首詩可能是「無感」的，讓我揭開真相。

當歐洲白人尚未入侵美洲大陸時，美洲印第安人（American Indians，或稱紅種人、紅印度人），過著自由自在的日子。這一塊獨立的大地，千百年來沒有外敵入侵。

十五世紀開始有歐洲白人到達這塊天堂，到十六世紀時白人大舉入侵。教皇亞歷山大六世（Alexandre VI）頒下聖旨，全面掠奪美洲資源財富，並認爲印第安人是對人類有威脅的「可怕動物」，也必須全面滅種，徹底屠殺乾淨。但屠殺過程中，爲了確認這些美洲原住民是可怕的低等動物或人類，白人有過精彩的辯論。

一五一九年，殖民者拉斯卡沙斯（B.de Las Casas）與哥倫比亞主教柯維多（Quevedo），在皇帝查理坎（Charles Quint 1500-1558，荷蘭、西班牙和德意志的統治者）主持下，進行激烈的御前辯論。柯維多真言確認「那些是低等動物，不能和白人同屬人類」；拉斯卡沙斯持完全相反看法，認爲印第安人也是人類之一種，應有人的尊嚴和自由。這次辯論雙方無交集，無結果，大屠殺也就持續下去。有如台灣的統獨撕殺，殺戮持續著，掠奪持續者，直到印第安人滅種。

到了一五三七年，教皇保祿三世（Paul III）終於頒下聖旨，承認印第安人是人類的一種，這時開始印第安才叫「人」。換言之，美洲印第安人被承認是「人」，至今才五百多年，之前只是一隻動物。但到了成「人」時，他們已被屠殺到近乎絕種的地步。

包含胡爾泰、筆者、吳明興、吳家業、陳在和……等一群范揚松公司的「大人物朋友圈」，聚會經常批判西方的霸權掠奪文化。若要用「行爲論」定義「人」，白人才真的不是人，印第安人才是優良人種。

知道了歷史真相，再讀〈白樺林〉，讀者客倌你是否覺得更能領悟詩意？霜雪侵蝕過的蒼白，**「圖騰柱上／黑色的點點斑痕／印第安人／歷史的胎記／鮮血凝結而成」**。人快死光了，但人心不死，想起先祖遭遇的災難，心裡還是寒寒的。

這輯幾首用事用典的詩，古龐貝人、羅馬市政廣場、釣魚台、北京等，都算寫實、明朗、不難理解。另一首〈釣魚台的省思〉，是這些用事用典的作品最有創意者，賞讀之。

一艘油輪
擱淺　在歷史的海洋
從亙古到太初

三個船東
來自不同的方向
企圖把它拉回海岸
以　異名的繩索

太陽在船上逡巡
星光牽引浪潮　震撼船身

於是
繩索斷裂　船隻解體
依舊擺盪於
潮水與太陽之間
條約與讓渡書之間

一九九六年十月初稿；一九九七年九月定稿

把釣魚台喻為一艘油輛，擱淺在歷史的海洋，很貼切的讓形象活化起來。太陽在船上逡巡是暗示目前該島受制於美國和日本。星光牽引浪潮震撼船身暗示中國崛起的影響力，末段的船隻解體等說明目前仍是無解的習題。

第一段的三行，實在是詩化的「地緣戰略」論述，台灣地理形狀也如同一艘船，從地質時代從海底誕生，就決定了台灣的命運。他必須在大陸的「身邊」，跑不掉了！只能在原地擺盪！擺盪！

「永恆的幻影」，一朵孤獨的雲

讀了這麼多胡詩，我始終想要從詩作去認識真正的胡大詩人，他要什麼？他在追尋什麼？雖然在其他作品中，我也發現詩人在追求一個桃花樂源，追尋生生世世的天命情人。問題是那些都不可得，直到讀〈一朵孤獨的雲〉，才發現真相，原來詩人是一朵孤獨的雲，這是一朵怎樣的雲？讓我們認識吧！

一朵孤獨的雲
沒有名字也沒有顏色
孤伶伶地飄泊在天地間
冷眼看著紅塵

除了天空沒有別的行囊
流浪是唯一的路
偶爾風把它吹成一艘船
也沒有停泊在任何山頂

當夕陽把天空染紅
它也沾了一些光彩
跟著來的聒噪的烏鴉
並沒有改變它的走向

只是一朵孤獨的雲
拖著苦行僧的雙腳
不知疲憊地追尋
那虛無飄渺的永恆

二〇〇〇年元月

用佛法解釋，詩人已看清人生的本質只是一個「空」，一切都是空的，自己只是人生旅途的苦行僧，追求一個虛無飄渺的永恆。雖然終點只是一個空，過程還是很精彩的，過著自由自在的生活。

第一段詩人自喻是一朵孤獨的雲，沒有名字，那個叫胡其德、胡爾泰或秋陽的，都只是「假相」，瞬間會消失。沒有顏色，很有政治意涵，暗示自己「不統不獨」，也不屬於任何政黨，自在的飄泊於天地間。

第二段除了天空沒有別的行囊，表示他「無官一身輕」，像一個吟遊詩人，週遊列國創作吟詩。沒有停泊在任何山頭，應指他是獨立的個體，不依靠任何勢力。

第三段「聒噪的烏鴉」，大概是指政局囂擾、社會不安等，這些客觀世界的一切，永遠不會改變自己的志向，詩人還是當一個我行我素的行吟者。

第四段再度肯定自己的人生觀和人生價值，就是當一個苦行僧，做為人生修行的方法，最終目標只是追求如夢如幻的永恆。在〈我在海德堡〉詩中，也像是一朵孤獨的雲，飄泊在茫茫時空中，不時向蒼天提問「何處是永恆？」，我也喜歡詩裡的孤寂感，賞讀之。

我獨立於古老的橋頭

在一個微雨的午後
混濁的聶卡河緩緩西流
載著王侯的榮耀與煩憂

我彳亍在古老的胡同
尋覓騷人墨客的芳蹤
週遭氛圍恁地靜溶溶
彷彿是一座無人之宮

我登上了昔日的城堡
斷垣頹壁失去了榮耀
一陣感傷突然襲上心頭
宛如那雨霧籠罩著我
永恆就竟能給我什麼
在此感傷與迷茫的時刻

一九九三年

詩人也善於運用音樂性、押韻等營造氣氛，這首海德堡作品可爲範例。每段的第一行以相同構句讓詩意、情節有連貫性。第一段的頭、流、憂，第二段的同、蹤、溶、宮，第三段的頭、我、塵，讓全詩產生和諧感，讀起來更順口。

意象和情境營造，也讓全詩的意境和空靈有了擴張空間，讀的人也能長出想像的翅膀。三段也是三個不同風景、不同情調，第一段詩人獨立於橋頭看河水西流，載著王侯的榮耀和煩憂，都一起流走了，就像我們也常說「大江東去，載走多少千古風流人物」。一切榮耀、財富都會過原去，人生還爭什麼呢？第二段詩人到胡同裡，第三段到一座古城堡，詩人想要找尋永恆的美感，實際上應該說詩人一直在重複詮釋人生的意義何在？

那首〈塵〉也有很寬廣的想像空間，灰塵是塵，紅塵也是塵，人本身也是宇宙之塵，只是這塵是詩人從心頭浮現的孤獨感。

縱的來看《翡》各詩作，統整成一個鮮明的形像，詩人像是詩壇上的「楚留香」，許多詩作也像這首歌。**「湖海洗我胸襟／河山飄我影蹤／雲彩揮去卻不去／贏得一身清風／／塵沾不上心間／情牽不到此心中／來得安去也寫意／／人生休說苦痛／聚散匆匆莫牽掛／未記風波中英雄勇／就讓浮名輕拋劍外／千山我獨行不必相送／啊！啊！獨行不必相送」**。

所不同者，楚留香的修行境界已達「情牽不到此心中」，故真能千山獨行；而詩人仍情牽著「天命情人」——一個永恆的真善美，一座秘密桃花園。我希望胡詩兄永遠追尋不到這座樂園，如此，詩才有得寫！

第二輯　《香格里拉》讀後

在香格里拉找不到香格里拉

二〇一三年的台灣在全民動盪不安中熬過，尤以下半年，朝野爲「服貿」之爭、「馬王鬥」、「大統假油事件」；橄欖油中無橄欖成份、牛排中非牛肉、豬肉中有非肉、蜂蜜中沒蜂蜜、米粉中無米……總結二〇一三年的台灣，以一個「假」告終，真是天大的諷刺，我們度過一年，竟是假的，那是如何度過的？

正當社會以各種「假」的風暴，企圖綁架所有的人，有些「假風暴」也許只想綁架基本教義粉絲，也深深的威脅到敵對陣營人馬。我爲不隨風起舞，阻擋入侵的邪魔歪道，偶爾我會躲入一個「烏托邦樂園」中，只有進入理想國，才能遠離亂邦。我此刻的「理想國」，是詩人教授胡爾泰的現代詩集《香格里拉》。

詩、文學藝術等，可以抵抗亂世的侵略，讓人保有純真、純潔的心，效果很大。是故，中國歷代文學才會出現山水、田園詩派。台灣雖亂，還不至於成亂世、亂邦，讀讀老友胡爾泰（本名胡其德）的詩作，便能抵禦或淨化現在台灣社會的各種髒、亂、黑。胡爾泰的絕大多數詩作，都有我說這抵制黑暗勢力和淨化污染的功能，這是確實存在的，原因當然源自詩人作品的風格（核心思想）。例如，我讀大陸平民詩人王學忠的詩，會心跳加速，血壓上升，有一股想要參加革命或造反的衝動。讀胡爾泰的詩則讓我定靜安濾得的感覺，讓人放心、放下、自在，如走入一個世外桃園，在理想國度中賞花看月，外界那些邪魔歪道，政客名嘴的禍水，絲毫不能入侵我身心！

到底胡爾泰的詩是什麼？是東方不敗嗎？還是無敵鐵金鋼！都不是，在我看來大多數像一個花園，一個幽靜的後花園；有些較短的詩（短詩、微型詩），則如一片花園中的落葉，安靜的躺成一首詩的樣子，在對讀者拈花微笑，或根本連一個微笑也是多餘的，與有緣者（按胡教授的說法是有福氣的人），進行著以心傳心的神秘活動，外人不得而知。試讀幾行「香格里拉」一詩。

我們來到了香格里拐——
據說是神仙居住的地方
……………

我們拐了幾個彎走了幾里路
看不到犛牛也聽不到水鳥展翅的聲音
沒有遇到神仙也找不到那消失的地平線

胡教授多數詩作都在構築理想國，政治大學劉建基教授在爲《香格里拉》詩集提序時，稱「樂園意識」，香格里拉是詩集中的第一首詩，亦當書名冠於卷首。以樂園意識詮釋之，則古今中外及很多胡爾泰詩作，都可稱「樂園詩歌」，因爲人類從演化形成之初，就一直在尋找一個「終極樂園」。

找尋這個「終極樂園」的也不光是詩人的這個物種，政治家、思想家可能更積極的在追求。從古代以降的君主專制等體制，到近現代實驗的民生政治、共產主義、三民主義、社會主義、中國式社會主義（中國式民生政治）等，西方民生又區分內閣、總統、宰相、混合等多種制度。凡此，都是在尋找最適合人類的政體，讓人民住在「理想國」之中。只可惜現在流行的「民主政治」，本質上是以資本主義爲核心思想，而資本主義從進化論轉變而來。

有思想、有頭腦的智慧者就知道，進化論適用在人類以外的生物（植物、人以外的動物），或者人類在文明文化尚未出現的蠻荒時期也適用。這也就是說，西方民主政治是一種「不適人用」的制度，流行下去的必然結果，是人們距離理想國越來越遠，並導致「地球第六次大滅絕」提前啓動，且已出現「不可逆」現象。

政治上的理想國越來越遠了！詩人的理想樂園也是不存在的，爲什麼古今中外那麼多詩人仍在追尋，不斷尋覓這個不存在的樂園？詩人不感孤獨嗎？或者本來就孤獨，才要走上一條孤獨的路。

本來就沒有香格里拉，詩人最後說「或許我們應該五體投地／回到虔誠的雪國子民的家裡／沏一壺熱騰騰的酥油茶／看那消失的地平線從炊煙中冉冉升起」。如同古代禪宗大師，回答弟子問「禪是什麼？」大師說「吃飯、睡覺、拉屎」。原來佛法、禪意、香格里拉，就在我們平凡人的每日生活中。

再解〈香格里拉〉

詩人胡爾泰的詩集《香格里拉》一書，集子的第一首詩〈香格里拉〉，詩題亦書名，自然是有其不凡之處。尤其一首好詩，能感人動人，引起共鳴乃至反思，就一定有多層次的解讀，始能窺知詩人之用心，理解一首詩所呈現的思想。另外，從詩的布局手法，也頗多尚可議論的空間。故抄錄全詩如次，〈香格里拉〉：

我們來到了香格里拉——
據說是神仙居住的地方
雪花先我們到來
覆蓋著大半個湖面
和掛在冷杉上的松蘿

以及冷杉間隙映著白雪的點點紅梅

石頭般堅硬的乳酪就在眼前
我們只能目食
沒有結凍的湖水倒映著
遠方的山脈和藍色的天空
凜冽的空氣吹醒了靈魂
我們的呼吸有點急促頭顱隱隱作痛

我們拐了幾個彎走了幾里路
看不到犛牛也聽不到水鳥展翅的聲音
沒有遇到神仙也找不到那消失的地平線
白色的寂靜似乎統治著這塊淨土
除了松雪偶爾在耳際崩落

或許我們應該五體投地
回到虔誠的雪國子民的家裡
沏一壺熱騰騰的酥油茶
看那消失的地平線從炊煙中冉冉升起吧

我心裡這樣想著
札—西—得—樂

二〇〇七年元月寫于香格里拉
（原載於乾坤詩刊）

詩人胡爾泰在詩集《香格里拉》一書的自序中，說他寫詩喜歡運用的手法，反諷（Iirony）是其中之一，詩集中如〈等待〉（內文詩題是〈等候〉，恐有誤）、〈草嶺哀歌〉等作品皆是反諷之法。這種以名實不符、表裡顛倒、真假對植，以造成揶揄、諷刺的幽默感，存在日常的公私所有領域。在我的成長過程經歷生活中，閩南（台灣）人所用的台語，存在最多的反諷用法，台灣話發音叫「ㄎㄠ」或「倒ㄎㄠ」。

仔細觀察，生活所聞的反諷太多了，稱小偷叫「樑上君子」，稱讓人不太平的地方叫「太平間」，基督（天主）教友死亡叫「蒙主寵召」，讓絕大多數人不快樂的賭局叫「大家樂」……從生到死……到墓園看看，每塊墓碑上都是「顯考」、「顯妣」，世上真有這麼多顯大的人物嗎？在《左傳》，〈秦晉殽之戰〉一文，秦大夫孟明（即孟明視，孟明爲其字）戰敗，被晉所擒，後遭釋放，不久晉襄公後悔，派陽處父要把他追回。但孟明已到黃河，且船行河中；陽處父急中生計，稱襄公要送孟明好馬，擬騙孟明上岸再擒住他。然孟明亦非「省燈的油」，他洞察對方居心，答說：

君不惠，不以纍臣釁鼓，使歸就戮於秦。寡君之以為戮，死且不朽；若從君惠而免之，三年將拜君賜。

孟明之言，表面上禮貌性的說，蒙受晉君恩德免於釁鼓（殺敵俘以其血塗戰鼓），內心無限感恩，三年後將回來拜謝晉君的恩典。而真實意是「君子報仇，三年不晚」，三年後我定將一雪前恥。

顯見反諷之法，在中國各類文學作品極爲常見，但反諷除了玩真假遊戲外，結構上有「言辭反諷」和「情境反諷」的程度差別。前者秦大夫孟明之言是言辭反諷，而在小說、詩歌爲佈局氣氛，彰顯境界，強調有無反差的對比美感，與讀者能產生更多感動和共鳴效果，情境反諷是常用的手法，〈香拉里拉〉正是範例之一。

情境反諷通常按「正反合」路數走，「正」先假設有一個真善美的理想世界存在↓驗證假設↓推翻假設↓回歸實然，卽回到人生的實相。〈香格里拉〉第一段，**「我們來到了香格里拉／據說是神仙居住的地方……」**先告訴讀者，有一個理想國是真的存在，才能吸引人。在政治領域裡政客也愛用此法，爲同陣營的粉絲劃一個比天大的「餅」，稱吃了這種餅可以長生不老，可以從今以後過著幸福美滿的日子，只有極少數的人可以洞穿這種騙局。但詩人和政客大大的不同，一樣方法的「劃餅」，在政客謂之騙局，謂之假意；在詩人，謂之真性情也！

接著〈香格里拉〉的第二段「驗證假設」，**「石頭般堅硬的乳酪就在眼前／我們只能目食／沒有結凍的湖水倒映著／遠方的山脈和藍色的天空」**。驗證是一種過程，必然讓人有所「得、知」，得知真相到底是什麼？如鄧小平同志說的「摸著石頭過河」「實踐是檢驗真理唯一的辦法」。詩人經由實證檢驗，他開始有「感覺」了，**「凜冽的空氣吹醒了靈魂／我們的呼吸有點急促頭顱隱隱作痛」**。詩人漸漸的醒了，真相就要大白了！

再推演下去，〈香格里拉〉第三段是「推翻假設」，**「我們拐了幾個彎走了幾里路／看不到犛牛也聽不到水鳥展翅的聲音／沒有遇到神仙也找不到那消失的地平線……」**。推翻了假設終使真相大白，原來桃花源樂土是不存在的。但詩寫到這裡，詩的核心價值（也是詩人的）尚未出現，因爲詩人帶領讀者去繞了一大圈，不能以「沒有」收場，對讀者沒有交待；就算詩人是獨孤行者，不須對任何人交待，自己也須要一個下台階。更何況詩人要提出他實證的「極終發現」——核心價值——偉大的真理。

實證發現，得到結論，**「或許我們應該五體投地／回到虔誠的雪國子民的家裡／沏一壺熱騰騰的酥油茶／看那消失的地平線從炊煙中冉冉升起吧／／我心裡這樣想著／札—西—得—樂」**。原來人生的基本面、真實義，人生的真善美，都在自己的生活中：沏茶、吃飯和虔誠的信仰就是香格里拉，真理其實是最簡單、單純的東西。用古代禪宗高僧的語言說，「香格里拉就是吃飯、沏茶、睡覺和拉屎。」

即然香拉里拉只不過吃飯、沏茶、睡覺和拉屎，詩人爲何不直接說，去繞了一大圈。因爲是詩人寫詩，要用詩語言，詩語言是一種「間接路線」；而禪，是一種直接、直下、直指核心的，不能繞彎，明明白白。詩，通常須要一些「不明不白」，有很多想像空間和距離，才益見其美感。

〈香格里拉〉一詩，可謂健康、明朗、中國，詞句沒有難解之處。從結構、佈局等手法彰顯其核心思想，亦展演層次意境，是可以一層一層慢慢「剝讀」的好詩。而反諷之法，甚爲有趣，我的作品也常用反諷鋪展，不意碰到同好胡爾泰，他爲真西子，我則東施效顰。

胡爾泰詩的「女人意象」

——詩人自我實現的「女人意識」

我曾有一種看法，男子能不能成佛，女人是最後一關「考試」。佛陀在成道之前，天神派來五位「絕世美女」，逐一到佛前施展各種媚功誘術，佛均不爲所動的說：「吾不須要，去吧！」

做爲一個凡夫的男人，我也認爲一個「正常、有爲」的男人，終生都要在心中保有一個「夢中情人」，真實的有當然最理想；或曾短暫的有，以後都維持夢中情人的關係。這個情境有一個我認爲重要條件，自己必須「親自實證」過，能經這樣實證檢驗，男人才能成其爲「真男人」，真的完成自我實現，能達成這個情境的力量余稱「女人意識」。

在胡爾泰《香格里拉》這本詩集中，我看不少詩作散發生鮮明的「女人意象」，從這些意象中飽涵豐沛的「女人意識」動力，這和我認識的胡爾泰可謂文如其人。中國傳統文學思想也認爲「文如其人」才是正確的，若人與文產生很大落差，可能就是人品和道德的問題。但西方不少大作家主張文和人要「切割」，也就是作品歸作品，作家歸作家，二者不相關。作家可以腐敗、無恥、作姦，而作品可以偉大，可以傳世。如十九世紀法國寫實大師佛祿拜爾、業餘作家司旦達爾。

是故，胡詩中的「女人意象」和「女人意識」，我從「正常、有爲」的男人觀之，他是在寫自己的「夢中情人」。例如〈給一位陌生女子的信〉、〈野湯夜浴〉、〈薰衣草之戀〉、〈給伊人〉、〈給丹妮雅〉、〈她的詩我的思〉、〈老船長的終航〉等，其他詩也或淡或濃的呈現女人意象和意識。政治大學劉建基教授在序文中也認爲，詩集中詩人將樂園譬喻成美麗佳人，藉由對美人的愛慕來表達對樂土的嚮往，即是說佳人是樂園，樂園亦是佳人，反正就是夢中情人，男人心中永恆存在的「天命情人」。試讀〈薰衣草之戀〉：

那一年
我離開了北地的繁華
來到南國　尋找人間樂土

妳突然出現在眼前
以原始的真純
展現夏日的風華
從那時起
我知道我將無法把妳排開
從我紫蘿蘭的記憶

六月燃燒著　普羅旺斯原野
的夢　妳長長的濃郁的秀髮
在暖風的引誘之下　恣意地張揚開來
把藍色的海浪　一波波推到天之涯
我不猶疑地躍入海中
香氣就這樣佔滿了我的頭我的手
我的胸脯我的身體的全部
而妳藍色的髮絲也悄悄地爬上了心扉

綰住了我 靈魂的一切

今年
我又看到了妳 在藍色的螢光前
純樸依舊 風華依舊
歲月不曾蒼老妳的容顏
雖然妳不發一語
我還是感受到妳誠摯的邀約
邀約我 再游向妳柔軟的身體
洄漩 輕撫 沈浸
在長長的 紫色的夢中

二〇〇一年五月寫於台北
（原載於中國語文月刊）

我針對《香格里拉》詩集六十首詩，逐一比對深刻去感受詩人的「女人意識」，以這首〈薰衣草之戀〉的女人意象最鮮明，女人意識最豐美，而所謂的「女人意識」，若欠缺「性的意涵」或連想，女人意識將會貧乏到失去意義。這首詩亦有豐富的性意涵，實在是浪漫又典雅的情詩。我曾以徐志摩的情詩爲標準，講過情詩的「野、媚、俏」三標準。（詳見我所著《一信詩學研究》，文史哲出版，二〇一三年七月）而這首「胡風情詩」，算是野（女方主動邀約、開放），媚力亦不弱，俏的有些斯文，增加了浪漫、典雅的意境。

首先第一段前三行，**「那一年／我離開了北地的繁華／來到南國　尋找人間的樂土」**。果然，我料中了，一個正常、有爲的男人，終其一生不會停止追尋「夢中情人」的，不論真實或夢境必然都是生命不可或缺，否則生命失去「出口」，只能混日子，不可能達成自我實現。

詩人尋尋覓覓，可能找了大半個地球，花了半個世紀時間，皆無所穫收。這原是千年奇緣，有如達摩要找個傳人，全印度竟找不到，只好到中國找，只是要找一個「不爲所惑」的人。詩人和達摩要找的「標的」不同，一樣都屬「世間珍寶」，故皆難得。但有心、有願力要追尋，必有達成「天命」的機會，詩人從北半球找到南半球，終於碰到理想的「天命情人」。**「妳突然出現在眼前／以原始的真純／展現夏日的風華／從那時**

起／我知道我將無法把妳排開／從我紫蘿蘭的記憶」。這一段有兩個重要的意象，「原始的真純」和「夏日的風華」，表示這位女子的真誠、純潔和熱情的特質。

第二段是詩人和美女的快樂糾纏，前四行寫情人的形像和動態美感，**「妳長長濃郁的秀髮」**很活潑的意象，長髮美女是所有男人的最愛，在風中恣意飄揚，讓詩的張力有畫圖的效果，是謂「詩中有畫、畫中有詩」，亦見詩人功力確實不凡。**「把藍色的海浪一波波推到天之涯」**，這句鮮活而靈動的意象，形容秀髮張揚舖展成藍色海洋，也許他們真的在海邊，也許是想像之海，夸飾用法，實際上一個女人就是一座海洋。

第二段後五行，詩人面對情人在眼前的「舞展」，必然會立卽「溶入她的世界」，兩人合而爲一，在這裡開始有性愛的暗示。**「我毫不猶疑地躍入海中／香氣就這樣佔滿了我的頭我的手／我的胸脯我的身體的全部／而妳藍色的髮絲也悄悄地爬上了心扉／綰住了我　靈魂的一切」**。

我毫不猶疑地躍入海中，並非真的「跳海」，女人像一座大海，我投入她的懷裡，接著兩人糾纏在一起，享受性愛之歡，當然香氣佔滿我全身，她的髮絲都完全繫住了他，何況其餘！連靈魂也合一了。這是性愛的最高境界，是謂「靈肉合一」也！

通常完美都是極短暫的，這是大家常說「婚姻是愛情的墳墓」的道理，所謂「天命情人」也不是婚姻關係。若是天命情人成爲夫妻關係，大概不出一年也離婚了。詩人果然很有智慧，幾可通悟天人之道，他安排與天命情人的相處時間不超過一年，短暫相處即分手，隔年再去找她。**「今年／我又看到妳　在藍色的螢光前」**。

夢中情人的另一個特質，是永恆不老，且情堅不移。詩的第三段**「純樸依舊　風華依舊／歲月不曾蒼老妳的容顏」**。這時候已是一對老情人了，他們以心傳心，故不須要語言了，她不發一語，詩人也能感受到她的邀約。「不發一語」是一句高明的手法，因爲才能讓人聯想到更廣闊的各種邀約暗示，例如一個眼神、手足肢體語言等。兩性關係很奇妙，也涉及兩性的「生物關係」，男人是「形而下」的物種，通常直接使用語言邀約；女人則是「形而上」的物種，較以非語言的間接暗示。俗話不是說嗎？男追女隔座山，女追男隔層紗。

第三段在詩境中，詩人佈局成女生主動邀約男生，這或許詩人要顧到「男人的尊嚴」，另一個用意可能彰顯「老情人」關係，也表示這位女子的「野」（開放）。於是，**「邀約我　再游向妳柔軟的身體／洄漩　輕撫　沈浸／在長長的　紫色的夢中」**。一對老情人，在性愛中完成自我實現，再游向妳柔軟的身體是很清楚的性愛暗示，「洄漩、輕撫、沈浸」都是性愛過程，一些動作的美化。

詩題薰衣草，文內紫蘿蘭兩種植物，都是美麗、浪漫的象徵，紫色也有唯美意涵。整首詩的佈局，從找尋人生樂土（佳人）開始，獲得、再獲得，是詩人宣告找到夢中情人，完成自我實現人生理想。這輩子，夠了！

古今中外這類找尋樂園理想國的文學作品，都是起因於對真實世界的種種不滿。對國家、社會不滿，要尋找一個可以自在滿意的桃花源；對現有的兩性關係不滿，就得追求可以滿足自己身心需要的「夢中情人」。我現在打開了詩人的秘密後花園，客倌，你發現什麼？

〈老船長的終航〉：感性、理性和邏輯

詩人老友胡爾泰在詩集《香格里拉》自序中，談到詩，首先必須是感通的，其次是語言的，最後才是文字的。這和我的看法相當一致，我一向比較屬於直觀、感覺型的人。因此，這些年我很專心的讀過幾位詩人的詩作，包括王學忠、范揚松、台客、落蒂、一信，我習慣在一段時間內針對一個詩人，讀他大量作品，我總設法要建立兩個不同宇宙的「蟲洞」，能在瞬間進入詩人的內心世界，感受詩人在何種情境下寫出這樣的作品。

詩人的工作、事業、家庭、人品或人生態度，和他的詩作也有直接的關係，我會納入解讀詩作的相關因素，而不會只在語言、文字上計較。

說詩是感通的，似乎表示詩是純感性的東西，不能進行理性、邏輯等分析，也不盡然全是。例如「黃河之水天上來」「白髮三千丈」「千杯不醉」等，雖說違反科學的真，但並未違反文學的真。惟科學與文學、理性與感性，須要一些邏輯性，矛盾與衝突是不是一種美感？以〈老船長的終航〉一詩爲範例，試加以思索、論述。

歷經了無數的狂風暴雨
躲過了暗礁和海盜
逃過了海上的女妖
老船長乘著夏日懶洋洋的暖風
獨自航向溫柔的海洋
從這個島轉向那個島
終於找到了一心嚮往的
菩提樹下的島嶼

老船長捨舟登岸
受到島上的人熱情地迎接
菩提樹下酒席連連
歌聲洋溢舞影婆娑

老船長有點醉醺醺的感覺

白衣少女突然出現
老船長眼睛為之一亮
膚色是和闐的白玉
臉蛋是伊甸園初熟的蘋果
眸子是蔚藍海岸的海水
笑容是波斯的雛菊
聲音是舒伯特的小夜曲
至於優雅的體態嘛
人間的語言實在無法形容

那天晚上
老船長安然入眠
一顆善良而浪漫的心從此不再波動

人們在他的墓碑上寫著
此地躺著一位老船長
一生撒過千萬次網
進出無數的港灣
但不曾傷害過一條美人魚

二〇〇七年寫於台北

這是一首充滿浪漫風格的詩，老船長是誰？可以是詩人自己或任何人，或真有其人的詩化書寫。深入思索這首詩，無論怎麼讀，都覺得頗多「詭異」之處，至少存在以下幾點邏輯、理性上的矛盾，情節上違反一般常民社會的基本原則。

第一、老船長應該很老了，至少六十歲以上，初到島上，盡管島民歡迎，但基本上還是陌生人，島民（尤其白衣少女的父母），怎可能立即在當晚將老船長和少女「送做堆」。詩並未寫出當晚少女和船長同房，這是詩人有意佈下的神秘感，按詩意情節他們應是同房。

第二、所謂「白衣少女」，年齡應在十五歲以下，根本是未成年少女，與老船長落差四十多年，少女的父母竟然就把她送給老人；再者，那少女是人間完美的化身，自視一定很高，怎可能去服侍一個老人，何況才初見一天，雙方還陌生，定是不願意。按詩意，只說老船長眼睛爲之一亮，沒有說少女願不願意，也是要保持神秘感。

第三、老船長在臨島當晚就死了，沒有原因，但按文意推論，必然是「老夫少妻」在房事過程於激烈中，老人家受不了而猝死。詩講求浪漫、典雅，這些當然略過，但邏輯上不通！

第四、是最大的矛盾，老船長是個打魚人家，捕魚爲業，爲何撒過千萬次網，從未捕一條魚（不曾傷過一條美人魚）？他這輩子不是「白做工」嗎？何況撒網目的在捕魚，不捕魚就不會撒網，這裡在邏輯上也不通。

以上四點雖從理性、邏輯上論，但我前述也提到詩有很多非理性、非科學，何況詩語言都是歧義的。例如當晚老船長死了，也可以說是「朝聞道夕死可也」，不須要任何原因，任由讀者發揮想力去猜測。

從一首現代詩的結構、布局、意象、意境、情節舖展等，這首詩很能引人入境，因爲豐富的想像力和由淺而深的故事性，四個段落有如四幕舞台劇（詩劇）。

第一段（第一幕）：老船長（或任何年過六十的人），他花一生所有的黃金歲月，追求一個理想（理想國、樂土、天命情人等），碰到很多困難（風雨、暗礁、海盜、女妖）……這年夏天，終於找到了，**「菩提樹下的島嶼」**。島民是信佛教的，或詩人偏愛佛教，但佛教的樂土在「西方極樂世界」，是不是就讓大家自由心證了！

第二段（第二幕）：老船長找到理想樂土，並受到高規格禮遇，**「菩提樹下酒席連連／歌聲洋溢舞影婆娑」**，可見歡迎之盛況，老船長喝得飄飄然，表示對這片樂土是滿意極了。從第一段到這裡，巧合的是和〈桃花源記〉有幾分神似，「晉太元中，武陵人，捕魚爲業，緣溪行，忘路之遠近，忽逢桃花林。夾岸數百步，中無雜樹……」這位武陵人和老船長同行，也在尋找相同的樂園，二人也都找到了。故我判斷，詩人創作老船長詩劇，可能也受〈桃花源記〉一些啓發。

第三段（第三幕）：理想中的天命情人出現，她身上的一切都是完美的化身，優雅的儀態人間語言不能形容，她就是仙女。這段是一個美女的獨舞，如果由雲門舞者展演，看到一個白衣少女在舞台上翩翩獨舞，意象和意境就完全提升了。

第四段（第四幕）：完美、浪漫的「詩故事」，卻在這裡突然劃下悲劇性的結尾，無法理解詩人的構思動機（理由）。若以「船長和少女從此以後過著幸福美滿的日子」收尾，又顯得八股而沒有創意。只有悲劇的感動力較強，而一輩子撒網卻不捕魚，從不傷到一條魚，是把老船長「神格化」。只有「造神」可以吸納眾多粉絲，詩人果然也有詩神的功力。

整體賞讀這首詩，充份展現典雅、浪漫的風格，情節構思建基於詩人追尋的樂園意識（佳人、情人），這是「胡氏風格」的一貫特質。至於那些不能進行理性、邏輯分析解釋的地方，或許正好留給讀者發揮想像力，去發現筆者所未發現的「最深秘密」。

再探《香格里拉》的佳人意識：兼解老船長之謎

文壇上常聽到一句話，「詩人是最具真性情的人」，也有說「文學作品不外真性情」。一九四七年諾貝爾文學獎得主、法國文學家紀德更說：「誠乃是文學上和道德上的最高守則」，這些說法，正可證明詩人是世上最真誠的人，文必如其人，詩反映出詩人真實的想法，真正內心世界的實相。

而實際上，詩以吟詠情性為主，詩緣情、言志本是中國詩學重要理論，可謂中國詩學的開山綱領。是故，根據那些思想家的說法和中國傳統詩學，從佳人意識（樂園、樂土、天命情人），解讀胡爾泰《香格里拉》詩中的女人意識，不僅有所本，「真數」也應接近百分百。

另一個探索胡詩的途徑，是生物學的本能說和心理學的需要論，男人對女人的需要是「必然的」，且恆久不變的，把男人層次提高到「正常、有為的男人」，尤其詩人，追尋一個永恆的情人、夢中情人，可以說是一生的夢想。需要源自「欠缺、不足」，愈是欠缺不足，愈是需要；若現實環境（身邊）沒有，必然要外求，若外求不可得，只好從夢中（詩、任何文學形式）求取。這就是古今中外許多詩人作品，充滿著「佳人意識」——找尋天命情人的感動詩章。

《香格里拉》一詩並作爲書名，不僅是佳人意識的指標意義，也在提醒讀者，其他作品也大多是追求理想的詩寫呈現。

褐色的碉堡成了鏡頭的焦點
一如倚牆而立的白衣少女

〈聖瑪格麗特的風情〉第三段

白衣少女突然出現
老船長眼睛為之一亮

〈老船長的終航〉第三段

窗邊的紅衣少女
望著窗外的瑪麗蓮和九重葛

〈雙魚座的春天〉第二段

胡詩有三首出現鮮明的少女形像，著白衣或紅衣，我思索詩人爲何在詩中構築這樣的角色？應有兩個理由，一者浪漫、純潔的意涵，使整首詩看起來，感覺更浪漫純潔，而少女形像可以增加空靈美感的空間。深入去賞讀這三首詩，可以感受到用少女的佈局是高明的。第二個理由是詩人對少女情有獨鍾，少女形像始終是詩人的「夢中情人」。在〈裸的五次元・浴〉三行微詩**「盆裡的線條／玲瓏而虛幻／美人從霧中浮起」**，明明自己在洗澡，還可以做美人夢，讓詩完全美化、空靈，出現了意境。詩人心中無時無刻存在一個夢中的「馬子」，下面這首〈那家叫做愛丁堡的小館子〉，有濃濃的性暗示。

我坐在老地方
一個陰暗的角落
等著妳來

隔著牆
夕陽閃爍著餘暉
（小館子換了主人）

晚餐像回憶盒子
一道道在眼前開展
我慢慢地品嚐
反芻著妳
羞赧的笑容和處女的體香

顧客不多了
聲音稀稀落落
盼望的爝火逐漸黯淡下來
而我疲憊的瞳孔

依然映不到妳　一絲一毫的影子

……

（思念　也有打烊的時候嗎）

二〇〇三年台北　原載中國語文月刊

這是一首明朗、含蓄且不難理解的詩，詩人曾週遊列邦，走遍全球五大洲，一定碰到不少有緣人，這回是在小館子等「馬子」。利用品嚐一道道美食的感動形像，轉化成**「反芻著妳」**，很明顯的性暗示，過程中的笑容和處女體香，銷魂啊！利用一首詩，完成一場愛的洗禮，滿足了心靈飢餓，讓身心靈都「吃飽喝足」，何樂不爲？雖然詩的第三段很失望，盼望的爝火黯了，「馬子」失約，但曾經「有」過的真感情，依然是有境界的。

所以，這首情詩的情節中，到底是否詩人和佳人有沒有愛丁堡小館之約？這已不重要了。或到底有沒有這樣一位佳人（情人或一夜情，或現在所謂的小三）？也不重要！或許只是一場夢，詩人坐在小館吃飯心之所思那份「真感情」，這才是這首情詩的核心思維和感人之處。王國維說：**「境非獨謂景物也，喜怒哀樂，亦人心中之一境界。故能**

寫真景物、真感情者、謂之有境界。否則謂之無境界。」真景物、真感情本質上是二而一的東西，都是詩人主觀心靈的寫照。爲什麼「紅杏枝頭春意鬧」，「鬧」字一出才顯境界？爲什麼「雲破月來花弄影」，「弄」字一出意境全來？因爲都是詩人獨有的真情感受！

愛丁堡的小館子這首詩，詩人一直在等他的「馬子」，第二段回憶他們的親蜜生活，但「馬子」始終沒出現，末段的「疲憊的瞳孔」是全詩最關鍵的意象，望穿了秋水，情人還不來！多叫人感傷！詩集另一首有濃厚的佳人意識是〈給丹妮雅〉，她應也是詩人浪漫國土上的一位天命情人。

妳是天上的一顆星
偶然掠過北國的天空
發出一陣智慧的光
然後消失在浩瀚的蒼穹

我是無根的浮萍

居無定所忽西忽東
暫時飄到一塊被遺忘的樂土
化成了一方風景

雖然沒有根
我依然追尋永恆
但是　智慧的星啊
妳將如何引導不斷追尋的浮萍

二〇〇四年六月寫於維茨堡（原載中國語文月刊）

胡爾泰的詩作極少有須要查字典的生字，他愛用簡易的文詞構句，創造意象和意境，尤其在創造空靈美感上，詩人特別用心。如〈給伊人〉、〈給丹妮雅〉、〈雙溪的野薑花〉、〈她的詩我的思〉、〈那一夜的月亮〉、〈丁克斯畢爾小城〉等，都可以成爲空靈美感的範例；而其中的佳人意識亦深植玩味，其詩中的典雅情境、美感，須要一個內心平靜、自在又能專心深入的讀者，較能感受。那些隨便翻翻，讀個幾首詩便寫一篇應酬文的，實際上是拿不到詩人王國世界的入境簽證，進不了詩人的世界，胡詩的美感、浪漫、空靈就難以感受，當然很難領會詩人（詩中）的真性情！

〈給丹妮雅〉一詩，是無可救藥的浪漫主義者（如徐志摩）。天命情人是天上的一顆星，把自己比喻成無根的浮萍，永恆的要追尋這顆星子。其實「無根」只是「象內」語言，無根只能隨波逐流，怎可能追尋一定的目標？所以這首詩的真相是有根的，不僅有根亦有心。只是根和心都在星星（情人）身上。

在眾多有佳人意識的詩中，〈給一位陌生女子的信〉和〈老船長的終航〉，兩詩應有「親戚關係」，不僅透露出某種詭異氣氛或事件，〈給〉詩似乎也在述說一則動人的故事，情節中有不尋常的兩性關係。抄錄整首〈給一位陌生女子的信〉如次。

那天　在菩提樹下
在初秋涼風吹拂松柏的島嶼
突然一切都亮了起來
白皙的身子來回擺出優美的弧線
洋溢著青春的光彩

湛藍而深邃的眸子發出領航的光
在浩瀚的海洋我找到了北極星的方位
並且輕輕地靠了岸

白色晶瑩的美人魚游進游出
飢渴的水手只顧狼吞虎嚥忘了其他
我也忘了撒下羅網
因為我的眼睛已被珊瑚的倩影絆住
我的手暫時麻痺
而我的心如海潮一般翻滾著
一個飽經風霜的船長
竟然在陸地遭遇了美麗的風暴

從此以後
我收起了帆擺平了槳

我不再航向金銀島
雖然我沒有放棄追尋傳說中的金羊毛
那從美人魚頭部傾瀉而下的金羊毛

每年落葉開始飄零的季節
我的心也開始漂泊
追尋松柏島上菩提樹下
偶然游進我眼簾的美人魚
偶然游進我心湖的妳

二○○○年初稿，二○○七年改稿（原載中國語文月刊）

先從時空背景說起，〈給〉詩寫給公元二千年，二○○七年修稿；〈老船長的終航〉誕生在二○○七年。兩詩在「案情」的發生時間，應是同時或有連貫性。

空間（地點）都在一個美麗的島嶼上菩提樹下，同樣都是詩人所追尋的一個樂園世界，心中的理想國。在人物角色的安排，〈給〉詩中這位「白皙的身子、湛藍深邃的眸子」，能洋溢青春光彩，如白色晶瑩的美人魚，正是〈老〉詩中的白衣少女，都是詩人的夢中情人。兩詩中的男主角亦同一人，〈給〉詩的「一個飽經風霜的船長」，就是〈老〉詩中的老船長。當佳人出現的時候，兩詩的男主角反應是相同的：

> 突然一切都亮了起來
> 白皙的身子來回擺出優美的弧線
>
> 〈給〉詩第一段三、四行

> 白衣少女突然出現
> 老船長眼睛為之一亮
>
> 〈老〉詩第三段前兩行

老船長終於找到生命中的最愛，但幸福的時刻可謂空前絕後的短暫，詩人在理想國實現的當天，立即劃下句點，告訴讀者，完美只是瞬間。但其中隱涵詭異的案情，兩詩陳述類似：

一個飽經風霜的船長
竟然在陸地遭遇了美麗的風暴

〈給〉詩第二段末兩行

那天晚上
老船長安然入眠
一顆善良而浪漫的心從此不再波動

〈老〉詩第四段前三行

這是一個懸疑的「命案」，「那天晚上」發生了什麼事？老船長死因何在？〈給〉詩說是「遭遇了美麗的風暴」，何謂「美麗的風暴？」驚悚的意象，「象外」有很多空靈想像空間，可以無限上綱和無限擴張。是仙人跳或是美人計？都有可能！老船長又是誰？是詩人自己也是任何人！總之，詩中隱涵一段詭異的恩怨情仇，兩首詩也都透露出不尋常的兩性關係。

我說「詭異的恩怨情仇」，當然是「象外」空間發生的事，詩人並未說出，但當讀者沉思讀之，一定和我同樣會有很多「象外」發現。

不論情節如何！詩人心中的佳人永遠是美麗的化身，是永恆的夢中情人。你寵愛一個女人，要告訴她「把天下搞垮了也不怪她」，這才是天命情人。詩人也有這種大男人胸懷，每當落葉開始飄零的季節，他就想念菩提樹下，**「偶然游進我眼簾的美人魚／偶然游進我心湖的妳」**。

《香格里拉》中幾首空靈之作

中國人欣賞國畫，絕大多數有一種本能的欣賞能力，不懂國畫的人觀畫，也常有贊嘆一幅畫的「空靈美感」，至於怎樣的「空靈」？誰也說不上！本來嘛！空是空空沒有，雖〈心經〉言「空即是色、色即是空」，那也沒幾人能理解深意；而靈，是屬靈的，非科學、非經驗，不能實證觀察，只能主觀、直覺，或自言自語。

詩、畫在中國傳統文化是合一的，畫家能詩，詩人也大多能畫，詩當然也講求空靈美感。現代詩在形式規格上可謂全面解放了，但追求空靈意境，創造「無限」美感，傳統與現代仍是一致的。

中國詩畫的靈魂可以說就是「空靈」，空白、空靈和靈性，才使得詩畫情韻無限、意境無限，全面提昇了審美效果。至於一首詩爲什麼可以產生「空靈」之美？總該有什麼「元素」組成吧！我長期讀各家詩品，常注意到這個問題，尤其近幾年我專心讀過幾位詩人作品。王學忠詩的感染力特強，一信善於創新、解構，落蒂詩作彰顯禪意道心，企業家詩人范揚松精於氣勢佈局。胡爾泰的每一首詩，大多會很用心的把「空靈意境」經營出來。

從胡氏的《香格里拉》自序交待了他的「執著」，美感（the sense of beauty）的追求，是詩人不能忘懷的，他喜歡從修辭、意象、意韻和章法結構的綜合表現，而以「意」來領軍，以明白易曉的詞藻和優美的旋律，來達到一種情景交融、言意合一的境界。這簡單陳述，基本上已直指中國詩學的主流思想，重意詩觀，中國詩和外國詩若要道出第一個差異，就在意境，歷代詩人和詩論家孜孜以求、至今仍能爲中外詩人嘆爲觀止，正是意境。因爲意境的無限性，創造了空靈美感的無限性、神秘性。首先賞讚一首短詩，〈峇里島的一夜〉：

一艘艘
白色的巨帆
衝向海岸

幻化成
月下荒島的
一片虛白

沙灘上
未眠的星子
竊竊私語

這首詩的具體意象，只有帆船、海、荒島、沙灘、星子等五個「物件」，但經創造、構思、佈局，產生境界很高的意境，大大提升空靈美感的無限。說明了「真理都是最單純、簡單的」，如愛因斯坦能把宇宙萬象真理，化約成「$E=MC^2$」一個簡單的公式，這個公式應也可以是最具想像力和神秘性的「一行詩」，讀者以爲呢？

古典詩詞中運用很少的「物件」，彰顯意象，創造無限的空靈意境美感的作品，也有許多經典範例，馬致遠的〈天淨沙〉爲經典之一，只用古道、馬匹、小橋、流水等，就產生了無限空靈的想像空間。胡爾泰的〈峇里島的一夜〉，也不過是帆船、沙灘、星星等，美感從何而來？無限又怎樣產生？這要解釋一下意象和意境。

意象是詩的表層，是具體的，有限的，通常是可感知的「基本元素」，如一座房子的柱、樑或磚；意境是詩的深層或終極，是超象的，無限的，是完整的「建築」，如一座蓋好的房子。所以，意象和意境有相互依存關係，沒有意象，意境也會失去存在的可能；可以說，意象是「象」，而意境是「象外」或「超以象外」。

孫聯奎在《詩品臆說》對「象」和「象外」有個解釋，「人畫山水亭屋」，未畫山水主人，然知亭屋中必有主人也。」這個「山水亭屋」是可畫出來的可見之「象」，「山水主人」是未畫出來的無形之「象」，這是意境的形式說明。無形，是空的，屬靈的，但可感知其存在的。現在看看這首胡詩的「象外」意境何在？空靈何在？第一段「一艘艘／白色的巨帆／衝向海岸」。象內可觀的意象，是許多帆船和海岸。但象外的「空靈」部份，靠想像空間的擴張，如世外桃源的度假勝地，碧海藍天，沙灘上很多人（沒有人，帆船怎會衝向海岸？）詩從頭到尾沒有提到「人」，有如國畫中的「山水亭屋」，並未畫出主人，但可感主人的存在，這便是空靈，這就是意境，第一段的場景是白天，第二段時空轉換到晚上。

「幻化成／月下荒島的／一片虛白」，第二段的三行中，可觀的象內意象是「月下荒島」四個字，因有月光，所以一片虛白，這是一個怎樣的情景意境？詩人一定和一個很神秘的人到此度假，享受著夜晚的寧靜，逃離現代文明的糾纏，在靜夜裡到沙灘上散步。

第三段**「沙灘上／未眠的星子／竊竊私語」**，情人晚上睡不著，到海邊散步，情話綿綿，這些都是象外的。整體賞讀這首詩，以極少幾個簡單意象進行「建築設計」，竟能建構「詩中畫、畫中詩」的空靈美感，顯見其功力之不凡。另一首具備空靈想像的短詩，是〈溪畔沉思〉：

不知從哪裡來
也不知到哪裡去
只是汩汩地流著
在夏日濃濃的樹蔭下

未曾增加
也未曾減
只是演化宇宙的循環

見證陰陽寒暑的變遷

想著想著
一條透明而發光的魚
滑入了溪中

二〇〇五年七月

許多思想家、哲學家叫人沈思，說「我思故我在」，若是，我不思卽不存在。所以，前台大校長傅斯年有一句名言：「一天只有二十一小時，剩下三小時是用來沉思的。」名言刻在台大校園「傅鐘」下，成爲重要的校園觀光景點，但我常想，有誰會一天沉思三小時，若有定被當成「阿達」取笑。

但「沉思」這個單純的意象，確實可以有最大的想像空間，沉思者處在寂靜不動的地位，思索萬事萬物的流轉，詩中的意象構築成何種意境。如這首〈溪畔沉思〉，詩人最後回到一個原點（本來面目），正是《心經》所言，**「不生不滅、不垢不淨、不增不減」**，就好像有個人，花一輩跑遍天下要找佛菩薩，最後竟發現佛菩薩在自己家中，沉思也是一種「靜態修行」的過程。

第一段詩人在溪邊沉思，象內意涵是思索溪水來去，其實「象外」是思考人生的方向，是更寬廣的空靈習題，無邊無際。但不論沉思者在思想世界如何進出十方三世，最後回到不增不減的本來面目或本體，是世界四季變化本來的樣子。從第一段到二段，有限的意象沒說什麼！無限的象外說了很多，無限的，只看讀者讀到多少！

詩的第三段以三行結尾，**「想著想著／一條透明而發光的魚／滑入了溪中」**。發光的魚只是象徵意象，象外是詩人靈光一閃，沈思結果是得到一個靈感，「人」滑入了溪中，表示物我合一，天人合一，人和世界萬物成為一體。這些都是空靈的，語言文字（意象）並未說，但可以感知那種意境是存在的。再讀一首空靈小詩，〈看〉：

看海的人在
看海的日子
看著遠方的大海
看著　看著　把自己

看成了一座雕像　無意中給另一個
看海的人
看到了　這個
看海的人取下雕像　擱在案頭上
看

二〇〇三年八月（原戴中國語文月刊）

這是一首有相對論意味的小詩，意象（物件）也算單純，因意象較簡單，使得空靈意境有較大神遊空間，一個看海的人，自己也成風景的一部份，讓別人也在看他。但「空、靈」的部份，你看到多少？語言文字解釋太多，反而壓縮了讀者的想像力。

「空靈」到底爲何物？相信我前面那些舉例、說法，也還是難以說清楚，講不明白！這麼說是「鬼」嗎？還真有些神似！千古以來人皆說有，但從未被找到（證明有），科學推論也說沒有，只是有些宗教思想「確認」是存在的！

空靈也是，多數人看不到、找不到，就說沒有，內行人一看便知其有否。如佛在靈山拈花，當下無人理解，只有一個迦葉理解佛意，空靈也像一種超感官的存在。中國詩歌的空靈意境源自兩個系統，一者佛家禪意，二者道家老莊。《老子·第廿一章》說：「道之爲物，惟恍惟惚，惚兮恍兮，其中有像；恍兮惚兮，其中有物。」道之爲物既非感官能及，只有心神能得知之。到了莊子更強調超感官性，認爲只有「遺其耳目」「自事其心」，才能得到「以神遇而不以目視，官之止而神欲行」。

南齊王僧虔在他的著作《書賦》另有一說，「情憑虛而測有，思沿想而圖空，心經於則，目像其容，手以心摩，毫以手從。」「圖空」二字揭示了藝術創作的微妙，圖空、空圖也，虛位、無形、空空也。

大藝術家朱銘的作品現在價值連城，但早年只雕刻神像，都是具象的有，「有多空少」，每件作品千元有找，他只是「技師」。後經大師楊英風指點，使其作品變得「空多有少」，乃入列大師殿堂。所以這世界很詭異，真實有物不值幾文，空靈空空則是無價珍寶！

〈哀世貿〉和〈戰爭是一場遊戲〉

常聽到有所謂「職業敏感症」，可能是一個人心志專注某事很久，突然碰到「某事」便眼睛爲之一亮，那是一種瞬間的刺激或清醒，人的精神就來了。例如，〈老船長的終航〉一詩，**「白衣少女突然出現／老船長眼睛為之一亮」**，其他亦可類推，窮人看到大把鈔票，眼睛爲之一亮；天文學家發現一顆新星，眼睛爲之一亮；詩人讀到一首動人好詩，眼睛爲之一亮……

我讀胡爾泰這本〈香格里拉〉，有兩首詩在我當時讀的時候，第一眼的初次接觸，突然眼睛爲之一亮，是〈哀世貿〉和〈戰爭是一場遊戲〉。其他有些作品也會眼睛爲之一亮，但不是突然的，不是瞬間的，而是要沉澱、要醞釀的。

爲什麼初讀這兩首詩會眼睛一亮？應該是「職業敏感症」的原因，我這輩子如果有第一項「專業」（可賴以維生的專長），那便是「軍事、戰爭、國防」，我除了必須具備這些專長的基本學歷，在野戰部隊的作戰實務有二十年，隨後又在台灣大學講授五年國防通識課程，主講科目包括戰爭指導、軍事戰史，孫子兵法、國家安全、波灣戰爭等。總之，圍著戰爭打轉，大家知道台灣大學不那麼好混！

我離開「戰場」已經十四年了，我厭倦了戰爭！管他媽的誰打誰！只要不打到家門口。我每天過著自在的生活，做自己想做的事，夢想著如何當一個作家或詩人，「戰爭」對我而言，和侏儸紀時代恐龍的滅亡同樣久遠。人在悠閒的日子，突然的刺激會讓人驚醒，故眼睛爲之一亮，這是我初讀〈哀世貿〉和〈戰爭是一場遊戲〉的感覺，應該也是我這「台灣軍魂」須具備的直覺。

爲什麼我又是「台灣軍魂」？我有什麼資格擁有這項「偉大的榮銜」？難到台灣沒有軍人了嗎？從黃埔一期到現在，光是將領〈少將以上、以前有准將也算〉，可能有幾萬人吧！爲何榮銜封到我頭上？原來一九九五年我出版《決戰閏八月》和《防衛大台灣》二書後，大陸的《北京軍事專刊》開始介紹我著作中的戰爭思想，重點在台灣的防衛作戰，並封我爲「台灣軍魂」。

坦白說，我當然不是「台灣軍魂」，但人家要這樣封你，至少也代表你有「一定的水平」，有一定的專業和份量。我自己也要有這樣的自信，我對軍事、戰爭，自信是有相當程度的「敏感度」。胡爾泰這兩首詩的內涵都是戰爭，書寫（修理）的對象是目前的「邪惡帝國」美國，在全球各地的不義、侵略戰爭，引起伊斯蘭極端組織的報復，包含國際政治在內，都還算是我「敏感度」的範圍。

因此，我藉讀胡詩的機會，談談我的戰爭觀，也揭發美國「邪惡帝國」的真相。對於這兩首詩，基本上只是詩人用詩表達對戰爭的看法，沒有「空靈」要想像，也沒有難解之處，一目可了然。先讀〈哀世貿〉：

又一座巴別塔　倒了
天際線成了地平線
撒旦的報仇
連上帝都皺眉頭

「熱點」在中心爆炸開來
所有的榮耀所有的尊嚴所有的財富
都隨著火花迸落　瞬間消失

而塔中千萬條生命　來不及抗辯
就化作千萬縷輕煙
四處尋找靈魂的出路

那曾經呼喚全球風雨的
曾經左右華爾街顏色的
金幣疊起來的高塔
如今只剩一堆瓦礫
和犬牙交錯的鋼架
無言地刺向天空

神學家重新改寫了
暴力的美學
但是　渺小的我
讀不懂這「偉大的」篇章

就像卑微的我
看不透這「崇高的」巴別塔一樣
幾年之後　也許另一座
更新的更高的巴別塔會在廢墟中升起
但是　安頓我們受創的
心靈的高塔在那裡

二〇〇一年九月廿日，寫於紐約世貿大樓被炸後九日．原載於中國語文月刊

世人對「九一一事件」的看法（回教世界以外），幾乎一面倒的按「美式價值」判斷，完全妖魔化賓拉登及所有反美勢力，尤其徹底醜化阿拉伯世界，這是新帝國主義比往昔帝國主義更可怕的地方。以前的帝國主義明的幹，擺明吃你；現在美式帝國主義可以透過政治、經濟、宗教、醫療等「植入性侵略」，讓許多人不知不覺跟著美國人走，高喊美國萬歲、美式民主多好。是故，現在的美國是地球上最邪惡的帝國主義，其本質正是資本主義。

叫美國「帝國主義」（簡稱「美帝」），讀者看倌一定以爲是我陳某的偏見，其實

是他們自己研究專家為自己國家屬性的定位。哈佛大學約翰甘迺迪政府學人權實務專家、「卡爾人權政策中心」（Carr Center of Human Rights policy）主任 Michael Ignatieff 博士，在〈美國帝國勢力的挑戰〉（The Challenges of American Imperial power）一文之研究，認為現代美式帝國不盡然須要殖民地，也不須要經由征服或侵略手段建立。美國之能掌控全球，乃是以軍事力量為後盾，以政經外交文化宗教等為前導，便能掌控全球秩序，以維護美國人之利益。（《國防譯粹》，台北：國防部史政編譯室，民國九十二年十二月，第三十卷第十二期，頁七四—八四。）學術界通稱這種美式帝國，叫「隱形帝國主義」，隱形者無形如鬼，能讓絕大多數人不知不覺間，自動自發成為美國的走狗或看門狗、幫兇等；而能有自覺的人，實在太少太少了！

我曾用兩行微型詩詮釋「九一一」後的美國，**「野狼吃遍天下／遭神犬圍攻」**。但從學術、宗教、歷史去追源探本，有很多詮釋，根本就是人世間無解的習題，除非有一方被完全消滅掉。

第一、兩個神的永恒決戰，人打「代理戰爭」：基督教界（含天主教，西方都統稱基督教界）和伊斯蘭回教世界，兩個宗教的基本教義都是「一神教」（一神論）。也就是基督和阿拉二神，都堅持「自己是宇宙間唯一的真神，其他都是邪魔歪道，必須消滅。」

兩個神玩「零和遊戲」，進行無始無終的決戰，人類只是打代理戰爭。

第二、十字軍東征的續戰：要細數人類爲這兩個神發動過多少戰爭，包含所有以阿戰爭，百本巨著也寫不完。但簡說之，先發動大規模滅絕性戰爭，要完全消滅對方的，是十一世紀的教皇烏爾班二世號召基督徒東征，以消滅所有穆斯林，建立全世界基督化。而這種構想來自當時的羅馬天主教會，史稱「十字軍東征」，前後歷時兩百年，發動過十一次大戰，死人無數，兩陣營的信徒從此成爲世仇，以後的戰爭都是「續戰」，不知終戰在何時？

第三、英美強權以「民主」之名對回教世界進行和平與武力雙重控制：這幾乎是從十九、廿世紀延續到廿一世紀的老問題，賓拉登幹下「九一一」只是替阿拉子民出一口氣。美國人只是會更小心謹慎，不會改變隱形帝國主義的邪惡本質。

第四、極盡醜化阿拉伯各國之能事，以伊朗何梅尼革命建立「伊斯蘭式民主政治」典範為例：阿拉伯各國凡乖乖聽話的，不聽話但不反美也能接受，都能在美國勢力掌控下好好過他們的「民主」生活；反之，不乖的，全部醜化成妖魔，史例太多了，伊朗何梅尼建立「伊斯蘭民主政治」，在世界史如法國大革命同樣重要，也被美國人醜化成妖魔，阿拉子民普遍反美，都有其根源。

胡爾泰另一首戰爭詩，是〈戰爭是一場遊戲〉，批判邪惡的美式帝國主義，隨便發動戰爭。美國發動伊拉克戰爭，表面說法是伊國有毀滅性武器，但軍事戰略專家都知道，只是美國軍火商大量庫存武器彈藥，必須「出清存貨」，帶動生產線。所以，這場戰爭是資本家、軍火商和政客的利益（利潤）共構，推銷成功的結果。一般人當然更不懂，詩人也看得「霧殺殺」：

戰爭是一場電腦遊戲
飛彈從按鈕出發
掠過螢幕的夜空
在眼前爆炸
轟隆聲和口水淹沒了哀嚎聲
戰爭也是一種文字遊戲
「邪惡軸心」來自「邪惡帝國」
「義戰」不是「聖戰」
而被動的「我們」是「合眾國」的縮影

但是「合眾國」不是「聯合國」

戰爭更是一齣荒謬劇
我們發動了戰爭以便推銷「和平」
我們發明了武器以便伸張「正義」
我們豎立了「撒旦」的雕像
以便把「祂」當靶子加以摧毀

當遊戲結束
正是詩開始的時候

二〇〇三年四月寫於美伊戰後

這首詩相信詩人不難理解，至於更深入的國際政治和戰爭問題，也不是我三言兩語可以講得讓所有詩壇朋友都懂。我唯一要「糾正」的是這首詩末兩行，絕大多數的戰爭遊戲，按發動者的戰略指導，都是戰爭之前已有各種「文戲」（即民心、民意動員），媒體宣傳、作家寫文章、詩人寫詩，鼓動風潮，以向人民洗腦進行「全民戰爭」。以倭國發動第三次滅亡中國之戰，我們叫「八年抗戰」，倭人大約在清末民初已在做戰爭準備，至少有三十年準備期（含九一八後的緒戰），此期間他們的詩人、作家寫了無數鼓動大和子民「前進支那」的作品。

詩，都是寫在遊戲之前，當美伊戰後，布希說：Game is over！就都沒得玩了！美伊之戰和九一一事件，雖是兩件事，但同樣是邪惡的美帝所引起，伊拉克至今仍在動亂，也是禍首老美留下的後遺症。至於賓拉登雖已陣亡，他仍是伊斯蘭世界的英雄，他在戰爭形態和戰史上也有重要地位，是他開啓第四波戰爭，九一一正是第四波戰爭的典範。

所謂「第四波戰爭」有下列內涵：推翻以主權國家爲戰爭主體、非國家的組織形態、打破以前所有戰爭原則、不建軍無兵工廠無國防預算、以敵之資源爲資源、聖戰圖騰化神格化、自己（基地）無形化。

九一一也打破美國「地球上沒有任何力量可入侵本土」的神話。老賓走了！基地組織那些人若不能超越賓拉登，再幹十個「九一一」，徹底瓦解美國勢力，乾脆回家替老婆煮飯帶孩子，乖乖的聽美國人使喚。

註：參閱：陳福成，《第四波戰爭開山鼻祖賓拉登：及戰爭之常變研究要綱》，文史哲出版，二〇一一年七月。

第三輯 《白色的回憶》讀後

「回憶」，那些回憶非常白

胡爾泰《白色的回憶》詩集，有五輯六十首詩，以白色意象貫穿全書，白色是很詭異的，代表純潔，也是死亡的象徵。我們可以從常民文化去觀察，喜宴用的花都是紅色，不用白色花；人往生後的告別式場，幾乎全是白色花系，極少用紅色花系。

或者男生要送花給女朋友，也多用紅色，如果送白花大概不久要劈腿了。還有，看鬼片電影，出現的鬼爲什麼都是一身白，難到白色是「鬼制服」嗎？以及政治效應所造成對人民的傷害，爲什麼也叫「白色恐怖」，難到其他色不恐怖嗎？

當然白色也代表「純潔」，但純潔成爲絕對化也很恐怖，有史以來所有種族主義造成的屠殺，就是爲維持種族的「純種、純潔」，所有「不純的」全都要「清除」，真是純潔的很可怕。

《白》集第一輯「回憶：一張什麼都捕捉不到的網」，共有十一首詩。開卷之首〈白色的回憶〉是詩題也是書名，自有作者安排之深意。吳明興在〈白色詩序〉一文，對〈白色的回憶〉、〈米勒的麥穗〉和〈巴黎，另一種鄉愁〉三首詩，已經做了徹底的解析、詮釋，該講的全講完了，我就沒得講。何況，若要再講得更清楚，例如〈白色的回憶〉，可能要從一八四八年馬恩發表〈共產主義宣言〉，到廿一世紀的現在還不算終站，這工程也太大了。再者，我讀胡詩只是寫一點讀書心得，還談不上什麼學術研究，我純是欣賞、好奇，想要一窺詩人的後花園，到底有什麼東東！

回憶如果是一張什麼都捕不到的網，就不會回憶到這麼多的詩。所以，詩人這張「回憶之網」，依然捕到不少寶物，至於說回憶可以當成「療傷劑」，似有牽強臆說，例如這首〈苦楝花〉，年輕時代失戀的苦，爲何還要去回憶？豈不又把傷痛網回：

蝴蝶戀著花
花戀著樹
樹戀著小溪
溪邊有一棵蒼老的苦楝

苦楝的花啊
苦戀著即將遠颺的春天
苦戀著紫白相間的羅裙
苦戀著昔日的激情
苦戀著幾縷幽香和一份許諾
苦等著雪花飄落
以便修成正果

我心中的苦楝花啊
未曾遠颺
未曾飄落
未曾結果
我心中的苦楝花啊

二〇〇九年三月．原載《葡萄園詩刊》第一八三期才十六行的短詩，有九個「苦」字，詩人這張回憶的網，網住的是一網的苦，可見這場苦戀留下多少苦澀的回憶，這必是年輕時代純純的戀，經不起一點點情傷。爲什麼詩人不能忘情於初戀？我想詩人在《白》集自序中的一句話，或許正是源頭（原因），「至於女人嘛，她們不是生來被人瞭解的，而是被人疼愛的。」這樣的浪漫人生觀和我幾可一致，才會讓初戀情人在心中永遠有「一席之地」。初戀雖未修成正果，但情人未曾遠颺，她永遠住在詩人心中，詩人才能與夢中的她，談著永恆的戀愛，如蝴蝶戀著花，花戀著樹……

從詩的表現方法看，詩人把握了「情」與「物」的互動交流，使主觀和客觀合一。因此，到底是「物來動情」或「情往感物」？已是不能區分了。詩人偶然遇到一株苦楝花，牽動情懷，忽有所悟，於是心緒蕩漾，情思滿懷，靈感來也；又或詩人移情入景，景隨情生，靈感也來。所謂「有我之境」和「無我之境」，其實是不能分割的，區隔只是爲解說分析方便。

整首詩在「苦楝」和「苦戀」間糾纏，象外之意也暗示這場年輕時代的戀情確實是刻骨銘心，而詩人「心中的苦楝花」必是具備了理想情人的條件，否則怎可能永遠住在詩人心中？

〈我未曾離開妳〉詩（也是歌曲），寫的也是詩人心中永恆的天命情人，只是去除了苦味，多了幾分柔情。這首讀起來像是散文詩，已由作曲家徐正淵譜曲：

昨日，木棉花開，紅遍了杜鵑城。
我在花下等妳，等待你的跫音，妳美麗的倩影。
我把它作為詩句，妳的柔情蜜語。

今夜，木棉花落，杜鵑城飄起了細雪。
我還在花下等妳，等待妳的溫柔，妳迷人的笑靨。
但是朦朧的夜空啊，只見飄雪，不見一輪明月。

木棉花卸下了春衣，佳人離我而遠去。
分離是纏綿的終曲，思念是牽縈的序曲。
妳我還會在夢裡相依，
妳未曾離開我，我未曾離開妳。

二〇〇九年五月廿九日寫，原載《中國語文月刊》．

本詩已由徐正淵先生譜曲

詩人的心通常最細柔、最多情的，前面的苦楝花是一位佳人，這首也是，也可能是同一位佳人。詩人和這位紅粉佳人以前相約都在木棉花下，後來佳人遠去，詩人還在思念著她，期待在夢中還能相依，在精神上他們永遠沒有分離，可見詩人多痴情啊！

〈潮音〉這首詩也有隱微的佳人意識，如二、三段，**「一夜的浪潮／能引發多少的風騷／一時的銷魂／能留下多少的印痕／／春天的雨／已凝成秋日的憂鬱／蝕骨的愛／只剩下微溫的死灰」**。這首詩的詩意何在？詩人要表達什麼？或許每個人讀來的感覺都不一樣。但很明顯的，蝕骨的愛只剩微溫的死灰，也有白色的意象。從〈苦楝花〉、〈我未曾離開妳〉到〈潮音〉，詩人不論表達愛意或暗示「超友誼關係」，都是純純淡淡的白色意象，如詩人一貫所強調的詩貴隱微、含蓄，給讀者留下很多想像空間。另一首〈夢醒的時候〉，從頭到尾充滿空靈虛無的意象，我也較喜歡這類的詩。

夢是海中

被喚醒的月光
銀色發亮的手臂
捕捉浮游的往事
和虛幻的未來

醒來的時候
有嚴冰融解的痛
還有一種成長的無奈
嚙破情繭的幼蟲
等待吐絲
編織另一個銀色的夢

夢了又醒
醒了又夢
夢與醒的循環啊

卻是一個永不甦醒的夢魘

二〇一〇年元月寫於寒夜醒來
原載《乾坤詩刊》第五十四期

我喜歡這首詩，因爲詩人並未說什麼！若有看倌讀了這首詩，問我「詩中說了什麼？詩意是什麼？」我會答「沒說什麼！什麼都沒有！」確實是諸法空相，不增不減，不生不滅，只是一場夢。

我爲什麼喜歡這首詩？因爲和真實人生很貼切，人生不就是夢與醒的循環。人在入睡前的半醒狀態，常會想一些心事，過去的許多事如浮游，詩人一一捕捉回憶；或面對虛幻的未來，再編織另一個美夢。

所有活著的人，只有以兩種狀態存在，一是睡夢中，一是醒來。人生不論長短，必然是在夢和醒的無窮循環中，這才是永不甦醒的夢魘。就像存在主義者說，人一出生就一步步的邁向死亡，人生的目標竟然就是死亡，夢和醒成了人生永不甦醒的夢魘，走到死亡，夢魘才善罷甘休！

「政治」：有誰能逃脫政治的緊箍扣？

詩壇上常聽到「政治詩」這個詞，文本上有，詩人擺「龍門陣」（也是一種八卦），談到某人詩作，也會聽到詩人丟出一句話：「喔！就是政治詩嘛！」

但何謂政治詩？從未有明確的意涵。是以政治爲主題或內容有「政治味」？但其實「偉大的詩人」必有的第一個條件，就是心繫國家民族興衰，以蒼生百姓爲念，如李白、杜甫乃至三蘇等，有非常多心繫眾生、國家民族的作品，他們才因而成爲偉大的詩人。那他們寫出這類的詩，是否也是「政治詩」？

再退而其次說，中國幾千年來的分分合合，每當天下不可爲，政治黑暗，社會動蕩不安，詩人常寄託於老莊思想，出現田園山水詩派；或隱居於深山竹林，有所謂竹林七賢等。仔細看這些遠離政治環境的詩，很多仍是牽掛著天下蒼生之安危，依然有濃厚的政治味，某種程度言，也可以說政治詩，政治味濃淡不一吧！

我所認識的胡其德，他大約是屬於山水、田園詩派，而尚未如竹林七賢那樣隱居到深山竹林，縱情詩酒放聲高歌。《白》集第三輯「政治：一個高明的騙術」，十首詩大多只是淡淡的政治味，雖有鮮明的政治意象，但不易被查覺，對政治意涵以隱微而含蓄的表現手法。例如〈今夜，請不要爲我哭泣〉，前四段看不出和政治有關，非要到末段，**「但是　福爾摩沙／我鍾愛的福爾摩沙／請妳老實告訴我／今後　妳將何去何從」**，原來前面幾段全是抬轎的「轎夫」。但轎也有一定的定位，「我將倒下」「我將謝幕」「我將隱沒」「我將沈睡」，所指意涵爲何?可以有很多解讀，影射「台灣問題」是較合理的解釋。

假如宇宙間真有一種叫「緊箍扣」這東東，只要觀世音菩薩或唐三藏唸咒語，就能控制那無法無天的孫悟空。那麼，真實世界中的緊箍扣就是「政治」，這是一種讓人又愛又怕的東西，政治是善惡正邪的生命共同體。也因政治太可怕、太複雜，所以詩人雖也寫了幾首有政治味的詩，但刻意遠離政治，只是很隱微又含蓄，用幾個鮮明的意象示現，如〈冬狩〉：

秋獮剛過的十月

是狩獵連連的季節
還是獸類交歡的季節

公的與母的交歡
唾液與酒精交歡
馬嘶與狺語交歡
犬牙交錯的拒馬是唯一的掩體
掩體內外是兩種不同的激情

獵者強行縮小包圍圈
石頭如冬天的冰雹一般落在巢穴
狂犬的吶喊催升了高潮
獵者和獸類最後都頹然倒地

突圍是必然的

流血是必然的
師出無名的冬狩終究一無所獲
除了飢渴的大地飲喝了熾熱的鮮血
沮喪的獵者
或許期盼另一個狩獵的好時機吧

二〇〇八年十一月寫於台北．收於《詩藝浩瀚》一書中

這首詩的政治意涵何在？一言蔽之，曰「批判台灣社會的禽獸化」，這是極嚴厲的批判，但詩中卽無「政治」二字，且從頭到尾沒有提到「人」。二〇〇八年底台灣社會發生那些政治事件、那些政治洪水或醜聞，不必去細數了。第一段是政治運動的起因，狩獵和獸類交歡的季節，統治者和被統治者都有「政治大菜」要上桌，各大山頭磨刀霍霍。

第二段是那些政治運動的經過，公的與母的、唾液與酒精交歡，應指各政治的人物；而「馬嘶」就是馬英九（或馬政府），「狺語」正是那些在野的獨派群犬，因「吃」不到而到處咬人。

第三段「獵者」就是統治者，被非理性的獨派群犬鬧得受不了，準備要出手反擊，強行縮小包圍圈，要殲滅反對勢力。但是大家知道牛頓三大定律之一是「力=反作用力」，統治者的壓力必然引起**「狂犬的吶喊催升了高潮」**。兩個勢力相當的集團互撞的結果，必然也導至「相互毀滅」，就像冷戰時代美蘇兩強，相互用核武報復，等於對雙方和地球保證毀滅。而小小的台灣島內，若兩強（統獨、朝野）決心互撞的結果，確定就是**「獵者和獸類最後都頹然倒地」**，台灣是台灣人自己整垮的。

不論統派或獨派，不論在朝在野，逼急了狗會跳牆，是故**「突圍是必然的／流血是必然的」**。但不論那一方，遲早會失去存在的合法性，乃導至師出無名，雙方終究無所獲得，只好弭兵休戰，等待下一個可以狩獵的機會，再把握時機起兵造反，最終目標當然是謀奪大位，才有機會大撈一筆，大吃大喝人民的血肉，這就是政治！

很可怕吧！古今中外政治鬪爭大致上如此，只是程度和精彩的差別。就詩的意象和意境看，一再使用「狩獵、交歡」，呈現驚悚、鮮活的意象；又因全詩都盡可能隱微、象徵、含蓄，而不直言政治如何！也給讀者留下大量想像空間，也有不少空靈的感覺。

〈野草莓的冬天〉、〈貓頭鷹〉、〈天安門，我的母親〉也都未直書政治如何！政治意涵很清楚，不難理解。倒是兩首和「鴉」有關的詩很有趣，此「鴉」是烏鴉，但據聞反哺的叫烏，不反哺的才叫鴉，而世人都一律叫烏鴉，牠全身是黑的。詩人寫的是白鴉（白烏鴉，我亦親眼見過）。〈白鴉的獨白〉一詩，詩人借用烏鴉的語言，到底要說些什麼？

我是同類中的異類
黑暗中的一點白光
每天早上修飾天生潔白的羽翮
以便反射初昇的太陽
只是偶爾發出的嘎嘎聲
暴露了我的本質

我曾經是仙島的王
高倨在扶桑樹顛睥睨群雄
我也曾自由地翱翔在美麗的天空
用力揮舞翅膀大聲地宣示主權

有時安祥地徜徉在陽光下
企圖帶給人光明快樂和希望

如今　由於莫須有的罪名
我被關在人跡罕至的象牙塔內
塔內除了水盆外空無一物
我用脫落的羽毛做成的筆
書寫往日光輝的歲月
反芻已然發臭的回憶
從十字形窗櫺透進來的光
照著我逐漸消瘦的身影
我依然利用水盆剩餘的水
不斷清洗掉在我身上的塵埃

當夜幕低垂時

我將背著十字架安然逝去
這時　我的靈魂將化成白鴿
飛出塔外　向世人宣告
即使是白鴿　影子也是黑的

二〇〇八年寫於耶誕節前夕．原載《乾坤詩刊》第五十期

第一段白烏鴉明白自己的定位，是同類中的異類，每天力行本份內的事務。第二段白鴉自命與眾不同，且身世不凡，比同類中的烏鴉更有大志向，曾經爲王者並睥睨群雄，立志要帶給人光明快樂和希望，真是一隻了不起的白鴉。

第三段白鴉和岳飛一樣被羅織以莫須有的罪名，從此以後過著暗無天日的黑暗生活。就算被關在天牢內（人跡罕到的象牙塔內），還是要維護自己的清白和自尊，**「我依然利用水盆剩餘的水／不斷清洗掉在我身上的塵埃」**。爲什麼「莫須有」可以成爲罪名，這必然是一個黑暗時代，法律死光光，公平正義盪然不存，無恥政客橫行。是謂「黃鐘毀棄，瓦缶雷鳴；讒人高張，賢士無名。」

最後一段，白鴉因莫須有罪名被判了死刑，背著十字架安然逝去，此時白鴉等於被

封「神」了，牠的苦難成爲自身的救贖；牠生前想要給人光明希望的心願未達成，死後靈魂化成白鴿，希望給人和平安全。但爲何要向世人宣告即使白鴿，影子也是黑的，是不是說這世界本來就是黑的？

詩語言本是歧義的，可以有很多想像和解釋。例如，白鴉的「莫須有」所指何在？白鴉也是烏鴉，是白烏鴉。但歷史上烏鴉早已被污名化，說是不吉、災難、離別等之象徵，例如李白「爲客裁縫君自見，城烏獨宿夜空啼」；杜甫「霜黃碧梧白鶴棲，城頭擊柝復烏啼」；羅鄴「夢斷南窗啼曉烏，新霜昨夜下庭梧。」這些烏啼意象可感性很強，後世都把烏夜啼當成離人悲懷的象徵，表達自己一腔離愁和滿腹悲恨的情緒。

但烏夜啼在六朝樂府中，本是吉兆象徵，不知何時變成兇兆，等於把烏鴉污名化。詩人這首〈白鴉的獨白〉，突顯白鴉被莫須有入罪，政治批判的意義比較濃厚。

另一首〈鴉權宣言〉也同樣要爲自己討回公道，請不要一再污名化，說是不祥的聲音，都有政治批判的味道。白鴉的「莫須有」是政治原因，鴉權宣言是對政治抹黑的反擊和自力救濟。政治像一張天羅地網，鴉都逃不出政治掌控，人要往那裡逃？

「女人」，妳是詩的泉源

按照我的經驗觀察和判斷，有史以來所有的詩人中，男詩人多於女詩人，中外皆是，形成的原因就不必去研究了。而幾乎所有的男性詩人，一定都寫過以女人爲題的作品，或多或少，什麼原因使男性詩人喜歡以女人爲題寫詩？這當然是有生物學和心理學兩種動力，在趨動男性詩人的筆，不斷深挖潛藏在女人身上的「詩礦」，提煉富有佳人意識的作品。也就是說，女人，妳是詩創作的泉源，妳有挖不盡的詩礦。

一路讀著胡爾泰的幾本詩集，發現他的作品有豐富的佳人意識，有浪漫的女人情節，且有一個理想的情人化身常住詩人心中。

《白》集把有關女人的作品放在第三輯，「女人，一個永遠解不開的謎」，這樣的標題和詩人的自序論述有所不合。自序中說「至於女人嘛，她們不是生來被人瞭解的，而是被人疼愛的。想要從她們身上找到真理，簡直是緣木求魚。」即是如此，她們的「謎」

當然是永遠解不開，而且也沒什麼好解的，不論如何解都一定白做工。就像海水不能以斗量，你偏要取斗一斗一斗的量太平洋之水，不僅白做工，還浪費青春，豈不搬石頭砸腳！

但我這樣說也許太理性，畢竟女人不是海水，不是石頭，謎雖永遠解不開，解謎的過程樂無窮才是重點，於是女人成了詩創作的泉源，永遠常住詩人心的「神」。就像〈給雙魚座的女孩〉詩的第二段，**「在七海之中／妳恣意地洄游著／有時化成一條美人魚／貼著岸邊歇息／悠閒的身影／是永恆的倒影」**。就是這樣如夢似幻的美感吸引著詩人的筆，「解不開的謎」表示有很多是想像，有很多「象外」的空靈，不屬於文字解析的，也不屬於語言可以明說的；就像佛在靈山拈花，眾皆不知何意，只有一個迦葉心領神會。同理，女人有點像禪宗思維，說不清，講不明白，只能以心傳心，去疼愛她！

但是，現在時代不同了，有那個女人願意讓你疼愛？老婆鐵定不是，去疼愛「外婆」，代價很高，詩人絕大多數經濟能力不足以「養」一個外婆來疼愛。

沒有「外婆」可以疼愛，家裡的老婆通常比老虎兇，就算好一些的小白兔或羊咩咩，又把你當犯人一樣看管，不僅看管人，還牢牢的釘住銀子，正其名曰：「男人有錢會變壞」，女人們怎不說「女人變壞才有錢」。是故，這是一個女權高漲的時代，男人都活的苦悶，必須積極找尋「出口」。

何謂「出口」？本書前文所談到的佳人意識、天命情人、夢中情人，乃至理想國、香格里拉、桃花源等，都是詩人的「出口」。因此，我敢說現代社會的男人世界中，最夯的產品就是「夢中情人」，企業家詩人范揚松的「政大幫詩人群」，更有一句流傳千古的名言曰：「沒酒沒美女就沒有詩」。可見得，女人是詩的泉源。男詩人又特別愛面子，都把夢中情人寫成她主動來投懷送抱，如〈美人三部曲〉詩，**「美人送我一把芹……美人又請我吃義大利麵……美人再請我喝卡布奇諾……」**。雖然只是夢中情人，對詩人身心也有療效，**「塵世的煩惱與辛酸好像都不存在了」**。真好，一個夢中情人勝過幾個精神科醫師。以下這位〈玫瑰夫人〉主動「獻身」，這才是名實相符的紅粉知己。

玫瑰夫人
很喜歡玫瑰
開了一家玫瑰色的館子
取名叫玫瑰夫人
牆壁上掛著玫瑰畫
桌巾上有玫瑰茶

里摩日的瓷皿上釉了玫瑰花
連咖啡上頭
也綻開了朵朵白玫瑰
整間館子就像一朵盛開的玫瑰
美麗的侍女是重重的花瓣

一個玫瑰花開的夜晚
我不小心弄碎了
一小片玫瑰花瓣
玫瑰夫人優雅而迅速地
佔領了我的味蕾我的身體
而來不及逃離的目光
跌入了玫瑰夫人胸前
玫瑰花飾的漩渦裡

二〇〇九年四月．原載《乾坤詩刊》第五十一期前兩段健康、明朗，只是劇情的序幕，第三段才進入詩人與情人「靈肉合一」的世界，就在玫瑰花開的夜晚，「我不小心弄碎了／一小片玫瑰花瓣」所指爲何？不可說，不好說，是初夜吧！本來是詩人佔領了人家的玉體，卻說「玫瑰夫人優雅而迅速地／佔領了我的味蕾我的身體」，這一晚詩人跌入了玫瑰夫人胸前，兩人在夢中完成了自我實現，詩人的夢中情人可以有多位，每一位有不一樣的美感，如這位〈給安琪拉〉：

彷彿在睡夢中見過妳
　妳的容顏竟如此清晰
彷彿在伊甸中吻過妳
　妳散發出迷人的氣息
彷彿在雲端中聽到妳
　妳是蕩漾銀河的天使

今夜　天街如水
天街如水　我將沈醉

醉入迷人的伊甸裡
今夜　月華如洗
月華如洗　我將沈睡
睡入蕩漾的銀河裡

今夜　就在今夜
我會在夢中
再遇到妳　擁抱妳

二〇〇九年五月寫，原載《中國語文月刊》第六二五期．

本詩已由徐正淵先生譜曲。

這是一首即興之作，詩人除把握音樂性，也在段與段、行與行間，做了重複銜接，想是爲了歌唱的須要。雖只是詩人的夢境，還是讓人感受到真情性的表白，誠如詩人在自序所說，「這些詩都與我的血肉、我的心靈相連。」確實，人生不須用大把銀子去購買三妻四妾，只要出自真性情，瞬間的夢境美感也是永恆的。〈再見青山〉一詩，同是頌揚夢中佳人之作，「**妳的髮絲飛揚如瀑　滋潤了我乾渴的心田／妳的歌聲悠揚如嵐　未曾干擾白雲的清眠……妳淚水漣漣　默默地送我到海邊／讓我們在夢裡相見　永永遠遠永永遠遠**」。

我發現男性詩人特別愛寫情詩，大人物公司詩人群（吳明興、方飛白、范揚松、胡爾泰、陳福成），二〇一三年底突發奇想，合出一本《情詩集》，果然是物以類聚。若要深入研究這幾個詩人爲什麼愛寫情詩？或許又要回到前面的「出口」論，在真實世界生活中得不到的，都到詩的世界中得到滿足，在詩的夢幻情境中大可提高自己的地位，確保男人的自尊顏面。

認識胡爾泰幾年了，我的直覺是他善於捕捉瞬間的靈感，即興成詩；而尤其善於捕捉女人的瞬間美感，例如這首〈列車上假寐的少女〉，只不過在車上看到一女子睡覺吧！第一段有三行描寫她的靜態美，「**鋪陳著維納斯的慵懶／春天沿著一身的繽紛走下來／飛揚的髮瀑……**」，春天、髮瀑，靜態中有一種動感。接著第二段從假寐少女的神情，假設出若干情節，「**夢中嘴角的微笑／是要勾住心上人／還是要招惹流浪的蝴蝶／身上優美的線條／是要表現黃金律／還是要誘惑吟遊的詩人……**」本來二者都是乘客，經詩人一布局安排，兩造儼然有了一點關係，假寐少女還是睡她的大頭覺，並沒有要誘惑吟詩遊人，而是詩人被一個畫面感動吸引了。

從詩學解析說，雖可區分「物來動情」和「情往感物」，吾人以爲這只是爲分析的方便。實際上到底何者爲先？難有定論，所謂「有我」和「無我」也是沒有明顯分界線的。

這輯的女人，除現代人也有古代女人，〈樓蘭美女〉和〈馬王堆的女人〉，我也寫過這類題材，啊！女人，妳是詩的泉源，沒有女人，詩人的靈感去掉一大半。

「愛與死」，在詩和夢中的實踐

對於詩，尤其傳統詩詞，因爲學生時代每回國文科考試，必定會有「翻譯」或「解釋」這類考題，叫學生針對某一古人作品用白話文陳述。久而久之，以爲詩詞是拿來翻譯的，隨著年歲增長，才逐漸領悟到，詩詞不是拿來翻譯、解析的，而是拿來欣賞的。

我半生戎馬，一輩子的黃金歲月數十年盡在野戰部隊打打殺殺，那有美國時間和心情好好讀些詩作，直到解甲歸田才有一顆安靜的心，好好讀詩。更感覺到，不論傳統詩詞或現代詩，拿來翻譯或解釋已是形而下，可能已受到「文字障礙」的干擾，讓讀者進不了詩的意境和詩人的世界。例如，《白》集第四輯「愛與死」〈秋情〉一詩第二段，**「窗外／凝結成秋天的眼淚／點點滴滴灑在楓葉上／染紅了整個眼簾　整個天空／未完成的春夢／就像那破碎的繭……」**詩的核心思維，當然是詩人寫秋天心情。

如果有一位國文老師出了〈秋情〉這段考題，學生將如何翻譯或解釋，我相信是越翻譯離題越遠，翻成「冬情」都有可能。是故，大約在我中年以後再讀詩（傳統、現代），我開始把詩看成一件藝術品，屬於欣賞、感覺和直觀的，這是第一層次的審美條件（即第一印象能吸引我）。再高一層，我會注意到「象外」（文字以外），如空靈美感、意境、境界等。以〈秋情〉爲例，爲什麼詩人會覺得**「一樣的秋天／兩樣的心情」**？一是在斗室內美女散發出咖啡的秋香，一是窗外杜鵑癡情的血凝結成淚，一悲一喜形成強烈衝突（衝突也是一種美）。

從第一種心情到第二種心情，只是瞬間的轉換，詩人的心爲何變換如此之快？我「將心比心」，必是「馬子」跑了；或就算沒有「馬子」跑了，往昔秋天曾有一段情，如今偶有靈感，表之以詩，頗能引起共鳴，同聲一嘆！詩人是很敏感的族群。〈夜之華〉詩是本輯最富想像力，也最有「象外」美感的一首：

一朵紫羅蘭
綻放於夜的子宮
散發迷人的迭香……
精靈無意中闖入了
翻騰了

沈醉了………
一直到清晨的露水
滴醒了
紫色的夢

二〇〇九年二月・詩原題〈給喬安〉，刊載
《葡萄園詩刊》第一八二期

我喜歡這首詩，浪漫、典雅的情詩，又有「點到爲止」的性想像空間，或者是詩人書寫的美女我也熟識，故更能感受到浪漫美感。詩中「紫羅蘭、夜的子宮、翻騰、沈醉、露水、滴醒」，都是鮮活的意象，所指爲何？讀者看倌，你聽到什麼？

這一輯所謂「愛與死」的二律背反（Antinomy），愛與死是不是二律背反？要看放在什麼層次詮釋之，若提高到某種層次，或許愛與死是同一件事、無二的。但詩人大概不會思考這層問題（因屬哲學或宗教），詩人只因愛與死的衝擊，糾纏著他的心緒和情感，如〈蟬之死〉、〈愛之死〉、〈書塚〉、〈運將之死〉，藉一個問題的出現思索新問題，〈破傘〉是傘之死，選題很特別，從未見有詩人以一把破傘爲對象創作。

一個棄婦
癱瘓在泥濘的馬路上
紅顏褪色髮絲散亂
骿兮兮的身子高高地拱了起來
好像要掙脫宿命似的
無情的冷風卻不斷地吹拂
尖拱的身子和散亂的髮絲

生命之弦的彼端
陽光燦爛
白沙細膩的黃金海岸上
妖冶的貴婦人撐著一把
有蕾絲花邊的小陽傘
依偎在圓滾滾油膩膩的肚子上
輕狎的暖風不時吹起身上的薄紗

二〇〇七年十一月初稿・二〇〇九年十一月定稿

我總是很佩服能把糞土變黃金，把世間最黑暗腐敗寫成動人經典的作家，如白先勇《孽子》。這首〈破傘〉雖非經典，算是極有創意的詩，通常詩人（或任何人）看到路邊一把破傘，不會有什麼感覺，更不會入詩。這表示詩人胡爾泰生活觀察是很細膩的，用棄婦比喻破傘不僅貼切，隱涵生與死的背反，又拉高詩的層次和境界。第一段完全是一個可憐棄婦的形像，第二段則是未成棄婦時的貴婦形像，當貴婦時才在黃金海岸度假，享受燦爛陽光浴，爲何不久變棄婦？

〈破傘〉一詩的「象外」之境，並非棄婦或貴婦的問題，而是引導讀者思考爲何貴婦變棄婦？是不是貴婦不懂得珍惜？像敗家女一樣揮霍，故很快成棄婦！另一個思考方向是人生無常，成住壞空可能瞬間就來臨的。

如同我前面幾篇賞文所述，詩人作品中有豐富的「天命情人」意涵，顯示詩人在真實世界中，對於尋找一個情人，仍然是渴望的。〈蝕〉一詩，**「妳緩緩進入我的體內／我們回到了混沌／億萬光年的相思／暫時獲得片刻的溫存……」**只在詩和夢中實踐、獲得，也是一種真善美，一種滿足。

「山水緣」，說些比詩重要的

我和詩人胡爾泰最大不同處，大概他是浪跡天涯的吟遊詩人，我是宅男型作家。他足跡遍及三大洋五大洲，出國次數已不可計，我這輩子六十多年來出國一次（去歐洲十二天）、回國六次（大陸）。這個問題我反省過，我前半輩子有九成以上時間不在家，在本外島各野戰部隊漂泊，我倦了，我累了，我想家，我不想跑了！

《白》集第五輯「山水緣」是旅行各地的詩，其他各輯也有旅行各地作品，本輯有倭國京都、神戶、大阪，法國多爾多涅、哥多華、巴黎、巴肯山、國內的九份等，這些山水緣算是旅遊詩，詩人的行腳詩日記，十三首中有三首寫於倭國。

倭國，即所謂倭人自稱的「大日本國」，我爲維護台灣人也是中國人的尊嚴，在我的著作一律稱「倭人、倭國、倭寇」。並且我著書立說，主張廿一世紀的中國人要以核武盡早消滅倭人，收今倭國列島改設「中國扶桑省」或州均行。所以，我讀〈京都夜雨〉、

〈神戶港邊的聯想〉等倭國紀行詩，感受到一股奇異的氣氛，不是詩的味道，而是戰火之餘味，爲何我在多處自己著作，極力主張以核武消滅倭種人，簡單的說，所謂「大和民族」，其實是具有侵略天性的武士種族，這個種族的存在是亞洲的禍源。是亞洲不安全、不和平的源頭，當然也是世界的禍源。而有能力消除這個禍源，只有廿一世紀的中國人。我這樣簡單的說，很多人不能信服，也認爲不合人道，我不得不從頭詳說，以取信更多中國人，更多全世界的人，以理解我的方法對全亞洲、全人類，是最合人道、最合理、合公平正義原則，且最便宜的辦法。

絕大多數的人知道倭國（日本）侵略中國，我們打了所謂「八年抗戰」，其實對日抗戰不止打八年，可以說打了二十多年，民國一成立時，倭國就準備要消滅中國。從民國成立，到二戰結束，由倭人的侵略戰爭引起的死人，至少有一億三千萬人以上，傷者尚不計！

但我敢斷言，絕大多數的現代人，乃至絕大多數的中國人，不知道倭國人爲何非要消滅中國不可？一直到現在廿一世紀了，倭人仍在算計「亡中國」之戰！爲何？少有知其源頭者。原來，八年抗戰並非第一次中國人的抗倭之戰！

十六世紀時，倭國出現兩個最邪惡的野心家，一個叫織田信長，一個叫豐臣秀吉，這兩人都說過這樣的話：「我不幸生在這東洋小島！這彈丸之地不足我揮灑！」

織田信長當國時代（西元一五六七—一五八二年），先提出「假道朝鮮西征中國」之構想，並有計畫進行國民洗腦教育，謂將大陸及週邊島嶼納入倭人版圖，是大和民族之「天命」，遲早必須完成之民族大業。

我國明萬歷十年（一五八二年），豐臣秀吉繼織田信長而起，提出「統合日中朝」三國合一戰略計畫，建設「大倭帝國」總目標。又經十年準備，明萬歷二十年（一五九二年），發動入侵朝鮮之戰，原計畫數月內亡朝鮮國再入侵中國，可惜打了七年戰爭倭人全軍慘滅而回，史稱「中倭朝鮮七年之戰」。此七年戰爭，三國傷亡數百萬人，倭人在朝鮮大屠殺，死平民兩百萬人。

第一次亡華慘敗，德川家康繼豐臣秀吉而起，仍然把「消滅中國」，建設「大倭帝國」，當成他們的「民族天命」，他們每一代的思想家、作家、詩人，在作品中都在傳承這樣的思想。到了我國清末，甲午之戰是倭人啓動他們的天命，第二次亡中國之戰。

以上倭國發動一、二、三次滅亡中國之戰，總死亡人數恐在二億以上（含各種因戰爭而死的人）。二戰末，倭人已計畫「玉碎作戰」，動員全國男女對抗美軍登陸，若非兩顆原子彈，美軍至少多死五十萬人，倭人也再多付出千萬人命。故，以核武一舉消滅現在的倭國總人口，只不過一命賠一命，以往那些死人回來取現在倭人命，合乎公平正義原則，爲防止倭人第四次亡中國之戰大傷亡，也算合乎人道，算便宜。

按我在《日本問題的終極處理：廿一世紀中國人的天命與扶桑省建設要綱》（文史哲出版社，二〇一三年七月）一書，以廿一世紀新核武威力，大約在北海道、東京、大阪及本州地區，投四顆核彈，最多五顆，便能一舉消滅七成以上倭人和戰力，剩下移民亞洲內陸，三十年後大和民族便從地球上消失，一個新的「中國扶桑省」也會在十年間，有初具規模的建設，從此以後亞洲太平，再不擔心「鬼子」殺來了，女人好安心過活，不擔心被鬼子捉去當「慰安婦」。

我打賭，很多台灣人（尤其受皇民思想洗腦的）會罵我，甚至詩人也未必同意我的構想，而很多根本無感、無知、無覺；或有說，不是只談現代詩嗎？何必談那麼嚴肅的事！問題是倭人的作家、詩人等，都用作品去傳揚他們生生世世要亡中國的民族使命，我們的詩人、作家爲何都沒有反應？何謂民族文學？何謂中國現代詩？

詩人胡爾泰以法國符號學家羅蘭巴特（Roland Barthes）倡導的「零度書寫」爲努力目標，我就是「一百度書寫」者。但不知詩人爲何〈逃出大阪城〉？是不是倭國發動第四次滅亡中國之戰？

逃出河豚的誘惑
逃出梅田地下的迷宮
逃出妖冶迷人的歌舞伎
逃出難波洶湧的人潮

飛向海鷗的大洋
飛向烏鴉的天空
飛向八重野梅的園林
飛向大海中漂浮的島嶼

我的心
掛在天守閣的重簷上

二〇〇八年元月寫於大阪．二〇〇八年十月定稿
原載《中國語文月刊》第一六八八期

〈逃出大阪城〉一詩我讀來，正象徵倭國歷代領土擴張政策，向四鄰侵略之意涵。一開始四個「逃出」，就是不安於小島要向外發展的欲望，四百年來倭人拼命「逃出」小島，不斷對外侵略；第二段四個「飛向」，向四方飛得愈遠愈好，東方**「飛向海鷗的大洋」**（太平洋、襲擊珍珠港）；北方**「飛向烏鴉的天空」**（入侵朝鮮半島）；西方**「飛向八重野梅的園林」**（佔領中國）；南方**「飛向大海中漂浮的島嶼」**（台灣、中南半島、南洋各島）。

兩首寫九份的詩都很有意境，**「夢中的山／流動著翡翠的線條／完美的軀體／在騷動海洋的催情之下／被冶豔的強光佔有了……」**山景，加上一些性暗示語言，多了色顏和想像。另外，多爾多涅、哥多華、巴肯山和瑪岱爾相關的詩，若能知其歷史背景，更能領悟詩境！這一輯和我最能「通靈」的是〈秋之宴〉一詩：

菊汛剛剛掀起黃色的浪濤
路邊的欒樹就泛起了紅潮
波動的秋色
好像要把整個城市淹沒

無意間　抹紅了藍空
灌醉了椿象蟲

燈籠高掛時
赤腰燕應該會來覓食吧

生命的蒴果
在成熟的歡呼中殞落
生命的樂章
卻在無聲無息中交響

二〇〇九年十月初稿，十二月定稿．
原載《中國語文月刊》第六三一期

首先，詩人用字構句特重音樂性，使讀音流暢和諧，句末的濤、潮、沒、空、轟、果等，是自然的入韻。「波動的」秋色，使靜態的色彩也產生動感，強烈到要淹沒城市，顯示秋之宴多麼爛漫。而像「灌醉了榛象蟲」「在成熟的歡呼中殞落」，不僅充滿新意象，矛盾中的統一構句，也讓人反思，詩外引起的弔詭，不得不叫人更深入思考。詩人玩中國方塊字的熟練，到了鬼使神運的地步，難怪詩壇有「文字遊俠」之美譽。

第四輯 《聖摩爾的黃昏》讀後

「荒謬與虛無」，人生的本質還是現象之一

讀胡爾泰這本《聖》詩集時，我偶然看到典藏在西班牙馬德里普拉多美術館（Museo Nacional del prado），活動於十五世紀畫家波希（Hieronymus Bosch）的祭壇畫〈人間樂園〉（Garden of Earthly Delihght）。讀胡詩的荒謬，再看波希〈人間樂園〉的荒謬大集合，真是趣味百足，附印部份波希的畫以饗詩畫壇同好。

波希的畫裡密密麻麻，充滿各種詭異、嬉鬧、滑稽、痛苦、殘酷、虐殺、凌遲、噁心、恐怖、啼笑皆非等，一切都是無理的、反邏輯的；但也反映人性貪嗔痴慢疑等真實情境，故也不能說全無理。波希想要表達的核心思維，應是人生荒謬劇之總成。

波希畫如有魚嘴中露出一截男人屁股，男人肛門飛出一群鳥；自大的男人把裸女當馬騎，女人口鼻穿了馬轡繩。在〈末世審判〉（The Last Judgment）裡，有女人把男人放在煎鍋裡小火油煎。有一頭披著仕女的猪，一臉笑吟吟，猪嘴拱著要親吻男人的面頰。

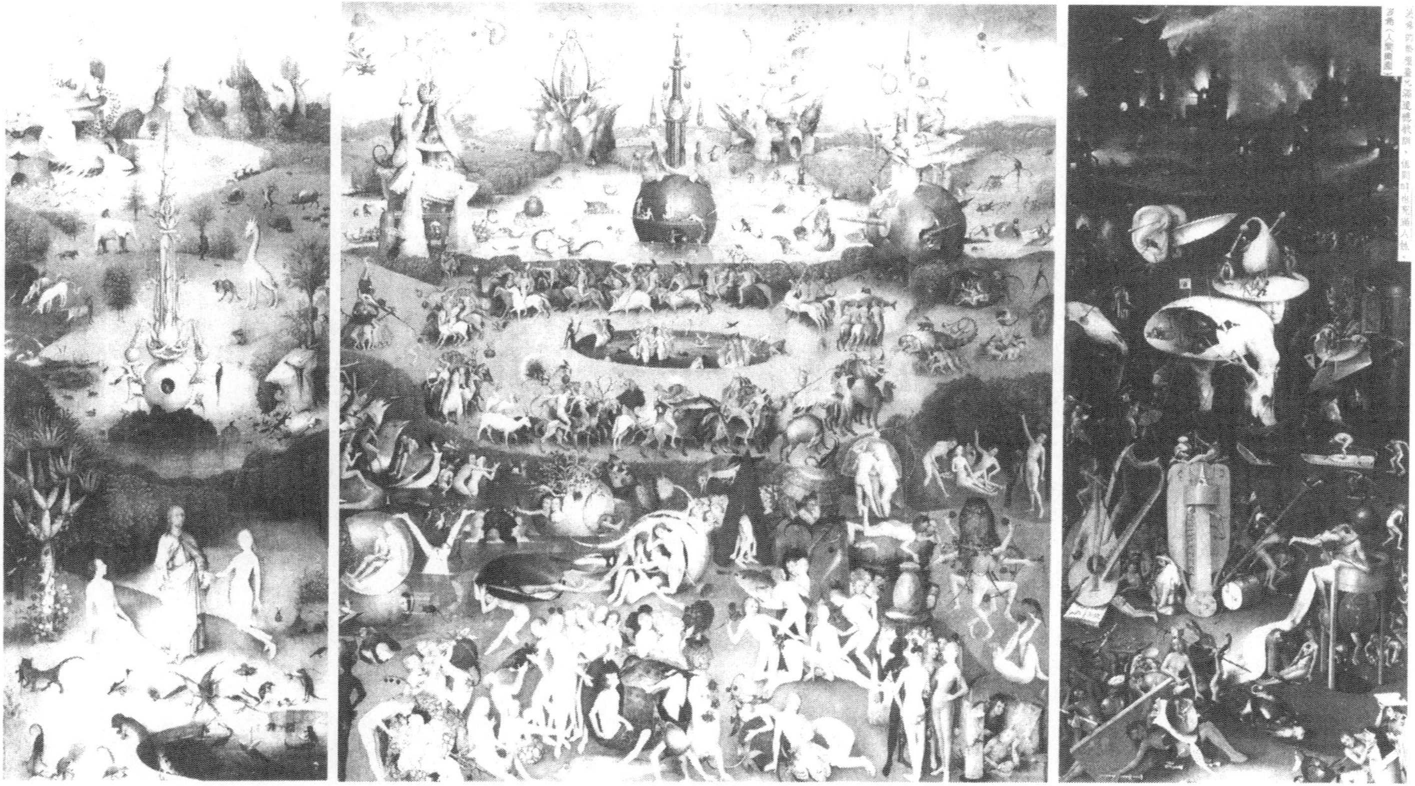

波希的祭壇畫充滿道德教訓，但同時也充滿人性。波希〈人間樂園〉

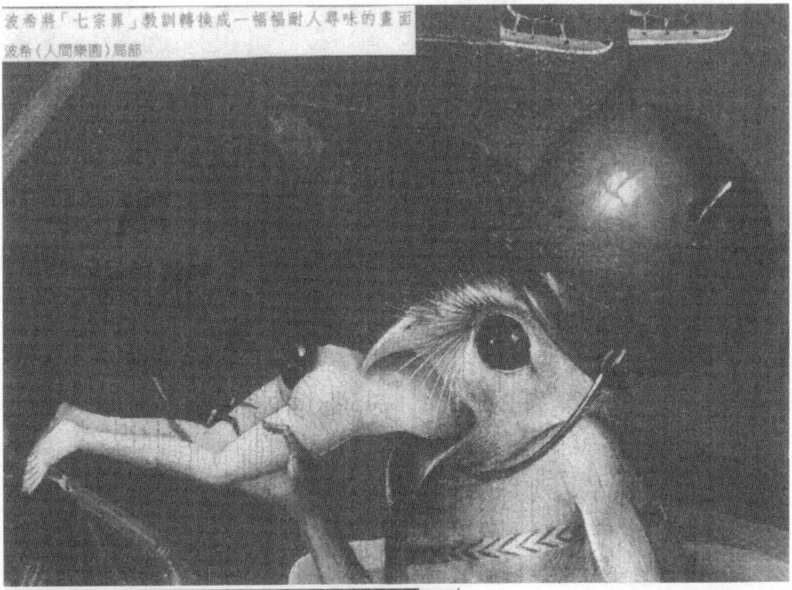
波希將「七宗罪」教訓轉換成一幅幅耐人尋味的畫面
波希〈人間樂園〉局部

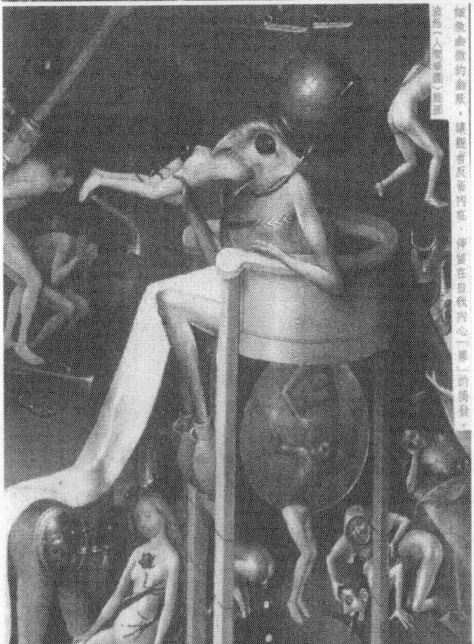
細緻幽微的幽默，讓觀者反省內在，停留在自我內心「罪」的揭發。
波希〈人間樂園〉局部

上圖：波希將「七宗罪」教訓轉換成一幅幅耐人尋味的畫面。
波希〈人間樂園〉局部。

左圖：細緻幽微的幽默，讓觀者反省內在，停留在自我內心「罪」的揭發。
波希〈人間樂園〉局部。

有一個男人裸體，倒插在水塘中，雙手捂住下體，兩腳朝天扠開，兩胯間一個紅包像草莓的蛋，蛋殼破了，跑出一隻鳥來。

一個奇怪的矮人，頭與上身套著像是海臭蟲的臉，盯著被逼婚的男人看，尖尖鳥嘴的長喙上掛著墨水瓶、筆筒。露在甲殼外的臀部上中了一支箭，流著血，甲殼帽上懸吊著一隻斷腳，這是什麼？爲何？

荒謬！荒唐！荒誕！絕倫的背理！這到底是人生的本質？還是人生現象的一部份？詩人在《聖》詩集不斷在探索、反思這

無法用邏輯解釋的部分，都還原到圖象最真實的狀態。
波希〈人間樂園〉局部。

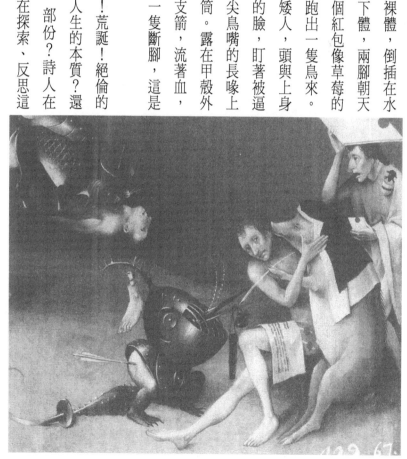

個全人類已苦思萬年的命題。誰的人生最後不是一座〈荒園〉？從窮得只剩錢的陳水扁，到窮得只剩清廉的馬英九，最後都回歸荒園，人生到底要努力啥？有啥值得努力？

秋蟬再怎麼用力嘶吼
也喚不醒孤寂的伊甸園
……
霜冷
凍結了所有的蟲吟
所有的靈感　一切的交易
荒蕪的大地無奈對著虛幻的天空

〈荒園〉部份

從古到今多少大智大慧者所得答案，都只是〈邊界〉，甚至只是邊界旁的邊陲，詩人或瘋子，智者或笨蛋，都不過「搭在希望與無奈的兩端」（〈邊界〉）。凡走過不論無奈的腳印，或荒謬的足跡，如胡其德、吳明興、范揚松、方飛白、許文靜、陳在和、吳家業，乃至再放大圈圈、文壇、筆者……去問問他們自己，相信是〈群星曾閃爍〉：

高貴與荒謬並存的年代
戰地飄著鐘聲的年代
……
扭腰擺臀只為了翻騰慾海
頑皮的風吹動白色的羅裙
掀起一波又一波的情潮……
大江已然東去
戰地的鐘聲也已經停歇

〈群星曾閃爍〉部份

就算一個時代過了，就算許多荒謬、錯誤也承擔了，但別忘了，人的忘性是很大的，人也不會記取教訓的，每一代人都要重複犯上代相同的錯。也好，這樣歷史才精彩、才多顏色、才豐富；人吃飽飯不是「鬥牛」消磨時間嗎？如〈福爾摩沙的牛〉：

據說
美麗的仙島上
牛隻主要有兩種顏色
南部的牛是綠色的
因為牠們啃食本土鮮綠的草
北部的牛是藍色的
因為牠們吃的是進口的藍莓
……
一頭黑色的牡牛
闖進福爾摩沙的詩壇
繆思嚇得花容失色
祭酒卻唱出了頌歌

〈福爾摩沙的牛〉部份

政壇那些牛「鬥牛」雖辛苦，詩人「鬥文字」也不容易，古今詩人萬千人，但能「鬥」出經典卻不多，能鬥出傳世作品更難。原因在中國方塊字每個字如一頭牛，你要把一頭牛鬥到馴服，須要才智，也要工夫，對於「文字遊俠」的詩人胡爾泰，必定可以從荒謬人生中「鬥」出真善美，不信你讀〈在紅毛城喝咖啡〉、〈杏花樹之死〉等幾首。

常常從火中取栗
有時候揹著泥菩薩過江
施捨對他來講　像春雨一樣自然

〈頒獎〉部份

從許多現象看，人生確實荒謬又虛無，也因如此，功名富貴才只是浮光掠影；但當我們在「大人物」把酒吟詩，這誠摯的友誼才是真實恆久的，人生才顯得不荒謬！

「天使」，你的天使何在？詩人！

從小，我們每一個人大概都在天使的哄騙、幻夢中長大，「小寶快睡覺，長著翅膀的美麗天使……」媽媽說著說著，小寶進入夢鄉，長大……

你長大了，絕大多數人會讓天使始終住在心中，只是你的天使可能有更豐富的定義，或者只是一個活生生的美女。也可能你心中的天使早死了，例如你是一位無神論或存在主義信仰者，上帝都死了，怎還有天使？但若你是一位詩人，你心中或真實生活中，鐵定到處有天使，胡兄有多首天使之作，都完成於一群詩人和美女在范揚松宅把酒吟遊間，那美好的一瞬息，她，是詩人的天使！

單就《聖》集第二輯「天使：不存在的存在」，共有七首關於天使的詩，依詩意按二分法區分二種層次。一者是形而上的，安琪拉是詩人心中的女神，也是繆斯女神的化身，更是生命最後的寄託，安琪拉已成詩人永恆的精神信仰；再者是形而下的，從一個平凡的男人出發，詩人是身健力壯的男人，對於一個生物性的女人當然有須要，更重要的他是一個深富理想性的詩人，須要一個能夠和他完全合體合一的「天命情人」。

形而上的詩有四：〈我的安琪拉〉、〈安琪拉致詩人〉、〈看板的天使〉、〈天使的畫像〉。

形而下的詩有三：〈再見安琪拉〉、〈天使之舞〉、〈櫻花樹下的安琪拉〉。

四首形而上的安琪拉，以〈我的安琪拉〉爲典型，這位安琪拉在詩人心中的地位，約同回教的阿拉、天主基督和中國古代的上帝、佛教的佛或觀世音菩薩：

哦　安琪拉
妳是純粹的光
妳的眼波見證了我的存在
妳又是純粹的善
不容許我有任何惡的念頭

哦　安琪拉

妳是治癒療傷的光輝使者
妳的光癒合了我　愛情的創傷
妳的翼覆蓋了我　肉體的疤痕

哦　安琪拉
妳是神的慈悲
當最後審判日來臨的時候
請引領我多情的靈魂到金星天安住

〈我的安琪拉〉部份

讀者看倌！這位安琪拉是不是萬能的神？她的法力已如上帝或菩薩，詩人在塵世受的任何創傷，安琪拉都能癒合，她是純粹的善、純率的光，最後審判來臨時，詩人也能得救，讓靈魂安住金星天。由此觀之，詩人對安琪拉的信仰，有了純粹性、絕對性，詩人才能和安琪拉有百分百的「溝通」，〈安琪拉致詩人〉：

我是風
我是一道光
我是一個夢
我是水中的月
我是秋鏡的玫瑰
我是一個名字
但我不是天使
（我也是天使　假如你這麼堅持）

因為
一切存在的都是虛幻
一切過眼的都是雲煙
一切美好的都是時間
的切換

只有詩人
能夠捕風捉影
只有詩人
能在水中撈月
能在虛幻中看到實體
……

〈安琪拉致詩人〉部份

雖安琪拉致詩人，其實是詩人自己的期許，對詩人定位的詮釋，只有詩人能捕風捉影，只有詩人能水中撈月。表示詩人如神，詩人異於常人。最後安琪拉致詩人說，**「請聽天使的聲音／請聽那來自雲端的聲音／請聽那夢絃撥動的聲音／那時間之輪走過的轔轔聲」**，詩人提示自己要謙虛傾聽神的聲音，最後才能達成自我實現。

三首形而下的安琪拉，以〈再見安琪拉〉爲典型代表，這裡的安琪拉降格成一個活生生的人，詩人的「天命情人」，他們享受著迷人的性生活。賞讀〈再見安琪拉〉部份段：

初秋的夜晚
來自銀河的天使
乘著清風的翅膀
躡著東方美人的步履
踏著月光的倩影
尋找去年的跫音
昔日的吻痕

去年的跫音
化為寧芙仙子的歌
溶入了流水的月華
昔日的吻痕
已結成伊甸園
誘人的禁果
今夜

天使迷人的笑靨
釋放了久錮的精靈
……
即使妳再度禁錮詩靈
我也不會與魔鬼簽任何協定

〈再見安琪拉〉部份

詩中「再見」有離別又見面二義，現在安琪拉已非萬能的神，而是詩人懷裡多情的「馬子」，「誘人的禁果／今夜／天使迷人的笑靨／釋放了久錮的精靈」。啊！詩人，釋放吧！大解放，才能盡情享用「禁果」，才能盡情揮灑詩章。〈櫻花樹下的安琪拉〉，你看到一個怎樣的安斯拉？

櫻花不敢把枝頭綻滿
怕春天走得太快

來賞花的美人笑了
春色頓時漲了潮
潰決了我　矜持的堤岸

二〇一二年四月・原載《新文壇》第30期

詩人心中的安琪拉雖有神和人兩種層次，但基本上我從人本面去解讀，尤其從一個健康正常的男人和富有理想性的男性詩人出發，我絕不相信一個活生生的凡人能把自己「淨化」到多「神」！神也會貪戀世間的榮華富貴吧！

是流星
貪戀人世間的浮華
不小心跌落看板
……
塵世的流浪
多少會沾染風的顏色

〈看板的天使〉部份

詩人有一顆堅定信仰的心，期許自己的安琪拉成爲永恆的詩神，但也被世間榮華聲名吸引，多少會沾染某種「風」的顏色。而一股致命的吸引力，則是安琪拉也同時是詩人的「天命情人」，這才是最大的拉力。我相信所有詩人心中都有一位安琪拉，啊！詩人，你的安琪拉何在？今夜是否陪你度良宵？

「愛情」，你曾經擁有過嗎？

我相信絕大多數人曾經有過愛情的滋味，只是平凡或不平凡間的程度差別。如果以「兩情相悅」定義愛情，那麼，多數黑猩猩也擁有愛情；若以「為你生、為你死」為標準，這世間可以叫愛情應是不多的。

我是務實主義者，從務實面看問題。愛情和前面各文所述「天命情人」乃一體兩面，凡雙方互證確是情人關係（或紅粉知己，超友誼的性關係是他們很自然的生活之一部份，雖維持時間不長均是。）愛情就是存在的，雖短暫也是曾經擁有的愛情。是故，情人或愛情是很真實的存在，其存在必須兩造情人完全解放，經由「靈肉」實證、檢驗之；凡未經此一檢驗程序，不能說是愛情或情人，頂多以「柏拉圖式愛情」進行虛幻的滿足。

但愛情又怎會讓人覺得「虛幻如春夢」，因為不能維持長久，通常只像一場美麗又舒暢的春夢，故有所謂「婚姻是愛情的墳墓」之說，也是實在的。愛情或情人的存在都是短暫的，人又很想要，求之不得，故覺虛幻。

《聖》集第三輯「愛情」，七首以愛情爲主題的作品，其中〈泰姬陵春思〉、〈櫻桃〉、〈山楂樹之戀〉、〈巴伐利亞的戀情〉四首，是別人的愛情，並非詩人胡爾泰的愛情。餘三首才是胡大詩人的愛情，一首真實像春雨，兩首虛幻如春夢，本文針對這三首賞讀之。

我印象中的胡爾泰，集大學教授、詩人、歷史學者、精通五國語言（英、法、德、日、義）學家、文化和宗教史專家、三大洋五大洲旅行家等名銜於一身，加上他身形碩頎，英俊脫灑，氣概瀟瀟。他必是某天命女子追求的情人，他心中也必有一位「天命情人」，賞讀〈舊情人〉一詩：

命運把我們的靈魂
連同我們的肉體
搓成麻花
麻花上的點點
是我們在情海的冒險

我們以搖櫓探索深度
敏感的柔荑測量溫度
偶然的風雨考驗信度
我們翻滾多情的海水
成浪　滋潤乾渴的沙灘
月光下
妳以夏娃的打扮出現
手中拿著上帝啃食過的蘋果
我突然想起
上帝和撒旦原來是孿生兄弟
就像潮與汐　情與慾

雖然時光不能倒流
雖然舊情只能回首　無法回收

但是　我已在心中供起了妳的雕像
堅貞如大理石　透明如水晶　變化如霓虹燈
那是我們曾經轟轟烈烈演出的悲喜劇啊

二〇一二年情人節書寫．原載《乾坤詩刊》第63期

第一段果如我說言，情人必須經由靈肉交融的實證，才算取得愛情「畢業證書」，詩人寫得幽默，以麻花形像化成爲一個意象，表示兩人靈肉糾纏在一起，緊緊擁抱，纏得緊緊，怎一個爽字了得！

第二段前半是情人生活中的一些刺激，**「以搖櫓探索深度、柔荑測量溫度、翻滾多情的海水」**都是兩性牀上運動的暗示，「搖櫓」即形像又具象；後半等於也證明我前面的情人觀，愛情和情人都必須在牀上論證完成，性慾是光明黑暗的同體，是上帝撒旦的融合。未經性愛糾纏，未經靈肉合解，愛情無由形成，情人亦不存在，詩曰：**「妳以夏娃的打扮出現／手中拿著上帝啃食過的蘋果／我突然想起／上帝和撒旦原來是孿生兄弟／就像潮與汐　情與慾」**，有情無慾或有慾無情，愛情都不能成立。

啊！詩人經由舊情人實證，愛情真實如春雨，他曾經擁有，身爲一個男人的自我實

現莫過於此，這位情人從此永恆的住在詩人心中，典型如一座完美的雕像，也是詩人永恆美好的回憶。

愛情因短暫，求之不可得，給人的感覺也是虛幻如春夢，詩人如何用詩境表達春夢般的愛情，〈我在冷風中等妳〉捕捉這種虛幻的感覺，很「寫實」。

我在冷風中
等妳
只為了一個虛構的原因

或許
妳會偶然出現
像一朵飄過心湖的彩雲

或許
會有一場春雨

油酥酥滋潤乾渴的雙唇

雲還是沒有飄過
我聽不到
妳 溫暖而熟悶的跫音

雨也沒下來
冷風如潮水一般
不斷拍打著寂寞的海岸

只為了一個虛溝的幻想
等妳
我在冷風中

二〇一一年二月寫．原載《秋水》第一五〇期中國方塊字的奇妙，在有象內、象外意涵，說雲雨即是雲雨，也非雲雨，而是男女愛做的那些事。詩人爲一個虛構的原因（愛情），在冷風中等著情人出現，詩人並非真在冷風中等，冷風是一種孤寂的情境，塑造等人的悲情，以企圖打動情人芳心。前兩段詩人啥也沒等到，連等一朵雲彩飄來都不確定有，更突顯愛情的虛，像冷風、虛構和雲彩。

後二段是詩人的期待，期待情人來了有溫暖的擁抱有熱吻，還有雲雨巫山，只可惜等到第五段，情人沒來，冷風拍打著詩人寂寞的心海堤岸。最後詩人仍願意在冷風中等下去，等到地老天荒。另〈在夢想的入口〉也是表達愛情的虛幻，**「愛情是什麼顏色／我在夢想的入口／等候風吹皺的一池春水／轉成秋天的顏色」**，從天堂的入口到煉獄的出口。詩人的愛情觀與筆者極相似，善惡一體、情慾合一。

詩人擁有的愛情很真實，他親自實證、檢驗過的，跑不掉；讀詩的朋友，愛情或情人，你曾經擁有過嗎？

「友情」，我有一點龜毛！

我心中敬重的詩人胡其德，在本輯詩寫的是友情，應是他積數十年的友誼經驗，以詩語言煅煉出來的詩思想精華。假如把人生感情領域以親情、友情、愛情三區分，友誼道場所體驗、磨煉、學習及所得教訓，讓人成長並讓人如何看待「友情問題」，所佔用的時間，比親情和愛情多很多，且更豐富，怎麼說呢！

每個人一生所能擁有愛情的時間都是極短暫的，此勿庸質疑，很多人根本就沒有過。而人所擁有親情時間看似很長，實則也頗短暫，多數的人大約在三十歲之前有半數時間是「叛逆期」，父母成爲「最討厭的人」，寧可和朋友去喝西北風，也絕不和父母一起去吃牛排，有人更嚴重，時程拉得更久。等到進入職場後數十年，親情時間更少了。是故，我認爲人生有七成以上時間，都在「友情叢林」（也是道場）內，學習、磨練、領悟，如現在「大人物友誼圈」這群詩壇朋友，包含長期以來我一直在觀察、研究的這位詩人胡爾泰（胡其德）。

談胡詩之前，我先做概念界說，我個人對「友情」有鬆緊兩種認定，一者嚴格認定男女之間不存在「純友誼」，所以男女之間根本不存在恆久性的友情；二者寬鬆認定凡非真正情人，是朋友但有些「非份之想」或想像空間（夢中情人），都算友誼、友情範圍。按我的兩種標準，《聖》集第四輯「友情」，〈邂逅〉和〈鳶尾花〉，嚴格認定並非友情，賞讀〈邂逅〉：

偶然地
我們相逢在車站
你行色匆匆
我歸心似箭
眼神的剎那交會
引發了磁波
一次美麗的撞擊

迎面而來的風
吹散了我們的寒暄
時光的列車飛馳而過
我們一時無法睜開眼
磁波也跟著斷了線
墜入茫茫的星海之中

兩顆載浮載沉的小星體
期待另一個偶然
另一次美麗的撞擊

二〇〇七年十一月廿日寫．
原載《乾坤詩刊》第四十六期

詩人偶然和大學時代心儀而沒機會追的女同學碰面了，剎那間，眼神為什麼會引發磁波（發電來電）?應是有一方（通常是詩人自己）播下「情意」，未見下文，不了了之，但詩人心中始終保存這株期待發芽的「情種」，是故這偶然的機緣才會雙方眼神「有電」，產生美麗的撞擊，有撞擊必有「愛的火花」，只是瞬間消逝！

他們匆匆分手了，詩人始終有期待，期待另一次美麗的撞擊，能進展、昇華，乃至質變成情人關係。我這是居於人性的「應然判斷」，更是理性的「實然判斷」。

或許我也不要太獨斷，也該交由讀者看倌的自由心證做判斷，詩人和他那「夢中情人」的關係，還能定位在「友情」的範圍嗎？

另一首〈鳶尾花〉，**「那一年／從春神手中飛出的鳶鳥……搖曳著春天的剪影／也撩撥著我　閒置已久的心弦」**。小男生進入少年期以後，體內的賀爾蒙（Hormone）很自然的啓動了「捕捉獵物」的機制，這個機制開機後，竟沒有「關機」鍵，要到所有零件報廢才正式宣告關機。所以，漫長的「開機期」，鳶鳥始終在追一種獵物，經常搖曳著春天的剪影，心弦被撩撥動。有時候，**「城南神秘的花園／也關閉了春天的門扉」**，鳶鳥如終期待著，想著**「戴著咖啡色呢帽的／女孩啊／妳心中秤然的鳶鳥　飛落誰家」**，詩人期待她飛入懷裡！這樣的情愫，還算友情嗎？

〈詩人與貓〉並未碰觸到友情範圍，只是詩人觀賞林煥彰的貓畫有感而作。〈海的對話〉或許象徵一些友誼叢林中形形色色，一些分合算計。

潮水算準了時間
與背離山脈的溪水幽會
鹹濕的與淡雅的糾纏在一起
但是弄潮兒沒有來
無法福證這一段海誓山盟

招引潮水的毛蟹
卻引來了海嘯
對著沙灘對著山林咆哮
摧毀一切的背叛一切的盟誓
風在哭泣　山在哭泣　水在哭泣

〈海的對話〉第二、三段

人一生所碰到背離、糾纏、盟誓、背叛、咆哮、哭泣等情境，親情和愛情或許有一有二，但最多的應是友誼叢林，最珍貴的和最醜惡的，最利多和最傷害的，幾全在朋友圈中，卽便如此，我還是認爲人生最美好之事，是能交到幾個好朋友。

這輯最直接詩寫友情，應是〈給哈達〉一詩，與蒙古詩人哈達的短暫友誼。**「把澎湃的兩顆心／牢牢地牽綰……當歸帆航向天之涯／草原會開出多少相思的花」**。這是短暫成永恒，我唯一有意見的是，用「相思的花」意象指射兩個大男人的友情，還是不妥！我有一點龜毛！

「黃昏」，情話只說給情人和黃昏聽

一看〈野放的日子〉詩，首先竟就想到自己十多年來退休生活，最像「野放的日子」，太美妙了，只能體驗感受，難以言說。卻也如胡詩，**「就這樣把心之猿意之馬／徹底野放了……把谿聲和蟬聲裝入行囊之後／就收拾心意背起夕陽回家了」**，所不同者，只是野放地點不同，因爲要過不同（做自己要做的事）生活！

我也喜愛黃昏，黃昏給人的感動最深入、最詩意，黃昏是帶情人散步的最美時刻，夕陽是唱不完的戀歌。《聖》集第五輯七首黃昏之詩，萊頓、野柳、冬至、美人樹、聖摩爾等，都是詩人行腳各地的黃昏戀歌。〈萊頓的黃昏〉在《翡》集已談過，不再贅述，〈美人樹之戀〉形式安排同〈萊頓的黃昏〉，但我喜歡〈黃昏市場〉的幽默：

旅人走進黃昏市場

想買一些晚霞回旅社
以便烹調一道綺夢好入眠

老闆說
今天天氣跟昨天一樣陰霾
晚霞沒有出貨
不妨到對面的陽光故鄉問一下
那兒可能還有一些存貨

（南瓜在一旁竊笑）

旅人走進陽光的故鄉
挨家挨戶地詢問……
港都的小雨
打在緊鎖的門扉上

旅人疲憊的心
也下起了小雨

二○一二年四月寫於基隆．原載《海星》第五期

出國旅遊早已是一種國民運動，人人學程都不同。如今你以旅人又兼詩人身份，你到一處勝地，也到一個黃昏市場，你想找些什麼？紀念品或寶物？也許你出門太久了，有些許鄉愁，還想找到一些故鄉的味道，詩人心情複雜，用筆幽默，不知道那南瓜在笑啥？

這輯最有代表性和紀念性的詩，是〈聖摩爾的黃昏〉，詩題也是書名。據詩人在自序說，這首詩見證了本詩集的奉獻對象 Camille Chen 與詩人的友誼，他是早期台灣的留法國學生，因緣際會詩人和他成了好朋友。是故，〈聖摩爾的黃昏〉對我這位詩人老友胡教授，有特殊且重大意義，權宜抄錄全詩雅賞：

秋還沒有十分老
幾朵夏日的玫瑰依然戀著枝頭

夕陽卻悄悄地翻過女牆
拉開了黃昏的帷幕
在聖摩爾　寂寞的花園裡

浴著餘暉的老園丁
訴說往昔　繽紛的花事
迎春花與繡球花爭豔
鳶尾花與薰衣草比藍
為烈日染紅的凌霄花
又給黃昏鍍了金
那一年的草色青青
盛開的百合卻躲不過旱魃的肆虐
喇叭的哭泣　終止於蕭條的黃昏

今春特別紅火的老鸛草

一如當年的學運
冷著紅潮
在斑駁發黃的歲月裡
尋找突圍的出口……

得了秋天支氣管炎的黃昏
終於咳出了落日
逐漸宕入地母的懷抱
但是 聖摩爾的黃昏
只能黯淡如月
未曾如花之凋謝

二〇一一年秋寫於巴黎東南郊的聖摩爾．
二〇一二年定稿．原載《海星》第七期

來回讀了幾回，如抄經般以虔誠之心一筆筆抄在稿紙上，原手稿於書出版後再贈圖書館典藏。故，〈聖摩爾的黃昏〉的詩香稿紙香，未來也將進住台大總圖書館或國家圖書館度晨昏，永久典藏胡爾泰和 **Camille Chen** 的友情。

《聖》詩除典雅芳香的友誼，也隱微述說一些法國當代的若干社會、政治事件，這些讓熟悉法國現代史的人去詳解；欣賞詩，就多留些「空靈」，你可以多一些以自由心證長出的想像翅膀，飛到聖摩爾的天空，也到寂寞的花園裡，聽老園丁訴說繽紛的花事。

人與人的感情很奇妙，夫妻一輩子婚姻生活，從未有詩人頌揚婚姻多麼真善美！多麼珍貴永恆！而愛情都是短暫，情人相守最多三年打烊，但古今詩頌愛情的作品何其多！眾皆曰：情人多美好！愛情多永恆！是否因時間短顯得可貴，如鑽石因量少而價高？

詩人這位法國朋友（？）不過三度拜訪，幾度交誼，每次相處想必幾個小時，卻能得詩人「永恆的友情」，誌之以詩，筆之於書，成爲春秋史詩，使兩人友誼有了春秋定位的高度；反之，詩人和這群「大人物」文友，一年四季多少相聚，把酒言詩，尚無一本紀念集，這就像婚姻吧！老妻混了一輩子，地位不如初識的情人！

胡爾泰善於各種作品溶入佳人意象（女人意識），前面各輯都很豐富，這輯有寫於台大校園的〈美人樹之戀〉：

粉紅裝扮的美人
輿高采烈從梢頭翩翩舞而下
等候　情郎的手
接納無怨無悔的奉獻
……
最後一抹斜陽照著
繽紛的落紅　如血
情郎沒有來
黃昏逐漸拉起深白色的秋帷

〈美人樹之戀〉部份

喜歡黃昏的人，必定是個多情的人；喜歡黃昏的人，因爲他知道，黃昏屬於情人，情話只說給情人和黃昏聽，而夕陽是情人盟約唯一的見證者。

「命運」，誰在拉扯你的理智？

人都逃不出被命所運，在生命旅途上掙扎，我認爲絕大多數人是如此。年青時我也不信那套八股命運說，總認爲「將相本無種．男兒當自強」；更相信「舜何人也？老子何人也！有爲者亦若是。」必經半生親身實證之，才突然領悟，那真是鬼話連篇，是中國文化最大的謊言，只適合給中學生作文多拿兩分。

但不相信也是大問題，因爲很多事情找不到合理的解釋，年紀越大疑惑越大，所謂「四十不惑」只是少數人，我卻困惑一脫拉庫，又經很多請益，發現更多人生、宇宙的真相。終於我推翻「命運」之說，代之以佛法上的「業」，原來這輩子混不出名堂，前半生到處撞得鼻青臉腫，都是「業」在作怪。

「業」和「命運」有何不同？此不詳說，大概「業」是理性、科學的，可成爲「理論」；「命運」非理性、非科學，不能成爲理論。其他就由個人自己去感受，詩人對命運好像也是妥協的態度，或美其名說任由自然法則牽引，一切隨緣，說來這也算「業」的思想。賞讀〈失落的名片〉：

我是友誼賽漏接的　球
被拋入茫茫的寰宇水中
回到家的主人早已忘了我

因為他天真地認為
一記文明的好球
機會被牢牢地接住

比起主人失落的影子
我的命運顯然悽慘許多
雖然我的主人不知道難過

（如果我是迴旋鏢
或許會回到主人的懷抱）

其實我終究會被世人遺忘
就像主人也將被朋友遺忘

既然如此　那麼
就讓我做一顆流浪的
星
或一片飄泊的雪
尋找一個美麗溫馨的落點

二〇一二年十月寫．原載《中國語文月刊》第六六九期

何謂「我是友誼賽漏接的球？」不就是決定每個人來人間報到前那場性遊戲，才會導至從此以後「被拋入茫茫的寰宇之中」，你到底出生時叫「王子」或「阿狗」！命運

從此死咬著你不放。你到底接受命運安排或放棄，必糾纏你一輩子，有時你想放棄，但無力又無權放棄，苦啊！如果「主人」爭氣，你或許少吃點苦頭。

你遲早也會看清命運的真相，反正一切都會成爲過去，「就讓我做一顆流浪的／星／或一片飄泊的雪／尋找一個美麗溫馨的落點」，讓一切都隨因緣自然去流轉吧！只是星和雪並無自覺性，如何去尋找美麗溫馨的落點？

「命運」一輯有十一首詩，〈命運〉、〈法門寺的春天〉、〈最後的腳印〉、〈浮潛〉、〈咖啡人生〉等，但意象最豐富、詩意最多義是〈列車群像〉：

繁忙的驛站
交錯的生命軌道
有人上車
有人下車
有人中途跳車
有人被迫提早下了車

少女拿出小鏡子
粉撲把春天撲上臉
穿制服的人唧唧喳喳
夏蟬飛上了列車
老和尚把秋天的姿勢
打坐成一尊佛
死神戴著嚴冬的面具
在車廂之間走動
尋找獵物

風　從窗外飆過
命運的列車
一古腦兒駛向不可知的未來

二〇一一年十一月初稿・二〇一二年元月定稿
原載《乾坤詩刊》第六十一期

爲什麼說這首詩意象、意境都豐富？「列車」形像又具像，有人上（出生、加入），有人下車（死亡、脫離），每個人生都是一部列車，世界、地球、宇宙也是各種大小不同的列車。

人和星球也會中途跳車（自殺、慧星撞地球等），有人被迫提早下車（犯罪、意外等傷亡）。也有樂觀的事、快樂的事，少女和春天；也有各種八卦，也有人在修行，「死神戴著嚴冬的面具／在車廂之間走動／尋找獵物」，多驚悚的意象，死神就在每個人身邊，經常和你擦身而過，你是死神的獵物。

每個人的列車都駛向不可知的未來，這些是人生的共相，帝王將相都不知道明天的事。〈列車群像〉詩寫每個人的共相，也是紅塵世界的實相。

到底是「命運」或是「業」？除了是自己的領悟、認定，也是許多正確的選擇，才會得到正確的結論。在這些過程中，選擇當然是一種智慧，詩人詩寫這種選擇張力和詩意十足，讀〈選擇〉：

我走到了岐路
在諂媚的小徑

與崢嶸的大道之間徬徨
天使與魔鬼
分別從兩端用力拉扯
企圖把我的理智撕裂
有些事　其實不必費神
當靈感敲門的時候
我毫不猶疑地喚醒沉睡的繆思

〈選擇〉前三段

選擇是現實生活中永恆的掙扎，但寫詩有時如詩人所述讓靈感自然來敲門。司空圖《二十四詩品》第十「自然」，「俯拾即是，不取諸鄰。俱道適往，著手成春。」歷代都有詩家倡「詩貴自然」，我讀胡爾泰詩作，自然是很鮮明特色，這應和他的詩觀（也是人生觀）「零度書寫」有直接關係，不爲任何主義、團體、目的、方法之羈絆，放任自然！

「鄉愁」，你最想抱抱的鄉愁在那裡？

人對原鄉、出生地、住久的地方，會有眷戀感，產生追尋回溯原鄉的行爲，一般稱爲「鄉愁」。若是，則鮭魚、鴿子、狗……有此類行爲，也是鄉愁，且鮭魚的鄉愁最濃最厚。

詩人乃「人科」動物中最敏感的少數族群，故其鄉愁可能僅次於鮭魚；而一九四九年前後來台的詩人作家，其鄉愁之濃度應高於鮭魚，這只要賞讀過大量他們的詩作，就都能清楚且一目了然。但，非一九四九年來台，而是在台灣出生或台灣人，也有淡濃不一的鄉愁，因爲在文化上乃至血緣關係，我們把中國當祖國、母國是很自然的事，我們仍以中華民族、炎黃子孫自居。筆者也一向以「出生在台灣的中國人」爲光榮，中國神州大地本來就是我的，我到大陸多次從不說「出國」，而是「回國」（此說也有問題，若回國成立，台灣是否成了「別國」？）。所以，正常說法應是「國內旅遊」，從一個省到另一個省，很單純的邏輯，不要複雜化，更不要政治化。

詩人胡爾泰，一九五一年生於台灣台南，其一生飽讀孔孟詩書，精通中西文化，從東西方的比較研究中，了解西方文化的本質問題，重新肯定中國文化的價值。他以「讀萬卷書、行萬里路」爲職志，當他行腳三大洋五大洲之際，隻身漂流在汪洋宇宙洪荒的黃昏，相信他的鄉愁多於一九四九年來台的李敖：

老詩人說了
鄉愁如幻影的
隨形　時間的腳步踏碎了兒時的夢

年輕朋友卻說
鄉愁只是寫作的
題材　一種無病呻吟的情懷

可是鄉愁啊

妳為什麼總是乘著月華　潛入
孤寂的文化旅者　不設防的夢土
我不禁這樣問了

〈鄉愁〉後三段，其全詩原載《葡萄園》第一九一期

人都是年輕時「鐵齒」，總說「將相本無種、男兒當自強」，又說「神鬼在那裡？叫他站出來我看看！」必到中年後，他才說：「啊！年輕人！你拗不過命！」「一切交給神」「一切交給佛」……代代輪迴者，說來人也真是很可悲的物種！

〈鄉愁〉一詩爲何用「妳」字代鄉愁，無心或有意？詩人經營一首詩通常在「意」，胡教授的詩作絕大多「重意」，意爲詩之帥，故我判斷用「妳」字是詩人有意和「女人意識」連結，意指鄉愁如佳人、女人、情人般，那麼有吸引力，**「妳為什麼總是乘著月華　潛入」**。是啊！我們思念家鄉和想念舊情人，不通常在晚上夜深人靜時嗎？此時才請月亮傳情給她（情人或故鄉）。

《聖》集第七集有鄉愁詩十首，幾首有台灣味的，一首借用「布拉格之春」的政治意涵，其他是以詩人的探索精神，與哲學家、思想家，針對鄉愁的對話反思，如〈布拉

格的春天〉，**「當卡夫卡的鐘擺盪至双魚座／古城就不在乎秋天的蕭瑟／也會忘懷冬天的酷寒吧」**。而〈哲人之路〉思索人類的終極問題，也是鄉愁之終極，注意！哲學家也要有女人相伴，幫助思考或刺激反思問題：

哲人蹀躞的路上
有女隨行
⋯⋯⋯⋯
但是天荒了地老了會怎樣
那位帶著鞭子的哲學家到哪裡去了
上帝究竟有沒有死亡
宇宙萬物是否不斷地循環

秋天的早上
沿著河邊小山丘的一條路走
遠方來的遊子想著

要不要採擷前方園子裡的禁果

〈哲人之路〉部份．二〇一一年八月九日寫於海德堡，原載《乾坤詩刊》第六十一期

詩人不斷在詩中打破「真理」，逆向反思習以爲常的慣性邏輯，地老天荒或宇宙循環都是終極嗎？地老了也許有新生，天荒了有奇蹟出現嗎？若是，何處才是鄉愁？也沒有終極肯定的答案，倒是「前方園子裡的禁果」最吸引人，非吃不可，禁果才是終極鄉愁，每隔一段時間就要吃。那首〈天體營〉爲何也成爲鄉愁？

新的樂園重現了
在海之畔
在水之湄
歡笑的聲音喧嘩出朵朵浪花
浪花輕吻的肉色柔軟的沙丘
是謫降的星球

在知識之海中翻過身的
鹹魚上了岸
企圖把巧詐蒸發掉
把原罪晾乾
讓肉身成道
上帝的強光
烤焦了所有的慾望

午後的一場雨
打碎了天體的夢想
甦醒的魚重回鹹濕的海洋
卻不再憂傷
只因為　循環是希望的起點
沉淪是昇華的開張

原載《葡萄園》

詩人在輯標題分類並非定義的，而是感覺的，只是抒發個人感受，及摻雜一些想法。「天體營」會成爲終極鄉愁，是不是人以脫除一切文明物之途徑，才能回到最早的原鄉伊甸園？第二段是實踐追尋的過程，裸身才能徹底去除人吃禁果後產生的智慧和文明，**「巧詐蒸發掉／把原罪晾乾／讓肉身成道／上帝的強光／烤焦了所有的慾望」**。倒是經由在光天化日下，全身裸露的修行達成「肉身成道」，雖意象鮮明，意境深遠，但不容易理解；因爲，包含耶穌釘死十字架、佛陀前一世捨身飼虎、文天祥捨身、哪吒割剔骨肉還父母等，乃至妓女肉身交易，在文學藝術詩筆意涵詮釋，都是「肉身成道」。天體營那些人不過脫光衣服玩水曬太陽，就想「肉身成道」，太便宜他們了！

最後詩人還是針對問題反思，**「午後的一場雨／打碎了天體的夢想……沉淪是昇華的開張」**。妓女的沉淪可以肉身成道，天體的沉淪是昇華的開張，也有機會肉身成道，回到人類初生的伊甸園，撫慰終極鄉愁。

〈金瓜寮的那間屋子〉，是你的夢中故鄉嗎？〈合歡．山〉是一座聖山，你心中的「聖山」何在？你在〈鹿港小鎮〉看到什麼？〈異鄉的月〉很異鄉，還有，輕咬一口〈葡萄〉，充溢著情人的幸福滋味。

輕咬一口
嬰兒的回憶　母體的溫柔
甜美的汁液是一種幸福的濃稠
可是流入橡木桶的生命之水
卻摻雜了愛情的滋味
琥珀的杯子在夜裡發光
情人的眼神在醉裡迷航

〈葡萄〉部份

吃葡萄會像吃奶嗎？通常不會。但詩人想像力的翅膀飛上了無限寬的天空，就一切都有可能，像嬰兒吃玩弄母親的「葡萄美奶」，嬰兒到今年（二〇一四）六十三歲了，還感受到奶汁的甜美幸福；葡萄若釀成酒，與情人共飲葡萄美酒，愛情的理想國瞬間就建構完成。

抱情人、擁抱母親、追尋原鄉，都有一種動力和吸引力，他們都是人類最原始的鄉愁嗎？恐怕〈畢業生〉也未必知道吧！

「醉月湖」，不是等候李白

這輯有五首醉月湖詩：〈醉月湖之戀〉、〈醉月湖畔的沉思〉、〈醉月湖之秋〉、〈醉月湖之春〉和〈雨中的醉月湖〉。

詩人說這五首詩是他在台灣大學校本部內「醉月湖」畔，散步二十年自然湧現的詩作，輯題「醉月湖：等候李白」。筆者正好也在這個湖畔散步二十年，我卻不信詩人真的等李白（等創作靈感可以），因爲醉月湖是台大的「情人聖地」，我四季最常佇足，較能欣賞〈醉月湖之春〉之春色風光。

多情的柳絲輕拂乍醒的湖
一如綠裳仙子　婆娑起舞
春風吹過水韭青青

長袍女子撥弄著豎琴　思慕遠方的愛人
杜鵑唱紅了淡淡的三月天

〈醉月湖之春〉第二段部份

柳樹在中國文學藝術發展史上，已成爲「現成意象」（卽習慣意象），是由詩人作家在審美或藝術活動中創造，俱有「現成」的感染力，不同的「藝人」可以方便沿用，創造所要表達意象，最早如《詩經》用「楊柳依依」意象，表現離別之情。後世詩人沿用如：

陳暄（南朝）：笳寒芳樹歇，笛怨柳枝空。
王昌齡：忽見陌頭楊柳色，悔教夫婿覓封侯。
李　白：春風知別苦，不遣柳條青。
　　此夜笛中聞折柳，何人不起故園情。
劉禹錫：長安陌上無限樹，唯有垂陽管別離。
歐陽炯：憑欄愁立雙蛾細，柳影斜搖砌。

寇　準：指青青楊柳，又是輕攀摘。

如此，楊柳成了離別的同義語，離別起因於多情，所以詩人也把醉月湖柳絲輕拂的意象，與多情佳人（綠裳仙子）連接，三月又是台大的「杜鵑花季」，整月都像熱鬧的嘉年華會。但詩人不愛熱鬧，最愛黃昏，〈醉月湖之春〉後段：

黃昏點燃刺桐的火炬
一路紅豔下去
清澈的湖水未飲而先醉
行雲劃下了休止符
遊春的人潮終於停止氾濫

就像天鵝守著天鵝湖
我也在湖邊守著
等候吟誦清平調的詩人

踏月歸來

二〇一二年三月杪寫於台大醉月湖畔，原載《秋水》第一五四期

詩人說到台大散步等李白，這當然是詩語言，實際上是找創作靈感，但找靈感不一定到台大，所以在台大醉月湖畔散步一定有更合理的解釋。所謂「合理」，一是根據生物和心理的特質，世間所有物種（獅、虎、犬……乃至公性、母性等），有一定的群居、獨居現象（理論）。「人科」動物中，女人獨居獨行已被科學家判定是「可以的」，也是常有的；但男人則不行，不宜或少有獨居獨行。所以，推論詩人在醉月湖散步並非「獨行」，而是等一個人，兩人一起散步。惟推論不能「定讞」，必須有「證據」，證據是〈醉月湖之戀〉：

清晨　妳悄悄地來
裹著一襲透明的薄紗
神秘而困惑的眸子
四周張望　尋覓昨日的風華

慘綠簇擁者　妳翡翠一般的身子
和熟透切開的紫薇紅的双唇
狂野的黃蟬　求歡者的吶喊
預告了午後的疲憊與酥軟

黃昏的一場雨　妳的心
興奮的顫抖夾著撕裂的痛楚
離別的時刻終於來到
柳條脈脈　挽不住漸漸遠颺的餘暉

今夜
當妳擁著浪花入眠
是否會夢見一彎新月
醉入妳　如貓的双眼

一九九九年八月寫於台大
原載《翡冷翠的秋晨》詩集

這是一首假醉月湖之名的情詩，首段他們相約在清晨，她悄悄地來，穿著一襲透明的薄紗，真是迷人，想必她就是詩人生命中的「天命情人」，但他們仍有些困惑（例如要不要結婚！還是永遠當情人！）；再次，他們在湖邊散步，情人有說不完的話，有時像狂野的黃蟬，有時似求歡者的吶喊。如此這般搞了一上午也累了，必然預告午後的疲憊和酥軟。

第三段到了離別的黃昏，詩人再度用上柳樹的「現成意象」，如《詩經》的「楊柳依依」或寇準的「青青楊柳」，詩人用「柳條脈脈」，挽不住漸漸遠颺的餘暉，是不是也很悽美呢！最浪漫是情人的夜，如**「今夜／當妳擁著浪花入眠／是否會夢見一彎新月／醉入妳　如貓的双眼」**。在文學中，「貓眼」是詭異和性感的象徵，深夜抱著情人，注視她的双眼，她在暗示什麼?讀者看倌，你可以找機會實證、檢驗之！

台大醉月湖四季有美景，清晨、黃昏、晚上有不同情調。湖面上有水鳥、野鴨、垂柳、蓮花、黑天鵝……近年台大用心規劃校園，打造湖邊四週人性化風景，在湖邊設咖啡屋，讓人可以賞景品香：

野鴿子守著和平之屋

黑天鵝滑進了舞池
穿梭在音符與音符之間
迴旋的曼舞　撩撥著樹
也弄皺了天堂的影子

刺桐擎起珊瑚之網
柳絲和水紋合作
把牙買加淡淡的咖啡香
擺渡到湖心

〈雨中的醉月湖〉部份

我所認識的詩人老友胡爾泰，博學多聞又浪漫，如今讀其醉月湖詩作，才發現原來詩人在台灣最高學府有一段情。或許，這裡才是他佳人意識、天命情人的誕生地，未來可能有更經典的情詩在這裡創作完成。

「草原組曲」，你屬於那裡？

講到蒙古國，我第一個感覺是「你何時會回歸中國？」，老校長蔣中正先生的政府爲何讓蒙古獨立？蘇聯當然是可怕的力量！但爲何擋不住邪惡勢力而丟掉大片江山？以往數十年來蒙古國會有兩次通過議案，要回歸中國。中共爲何沒反應？？？無數的問題，在我往昔讀過的《政治學》相關專書百本以上，找不到答案！算了！今天不談政治，只談詩，在詩國江山多麼風光！

第九輯「草原組曲」七首詩，〈草原之月〉、〈高原之花〉、〈烏蘭巴托的落日〉、〈沙丘少女〉、〈鄂爾渾河的風〉、〈追尋野馬〉、〈阿爾泰的雪〉。這些地方談地理我很清楚（我高中地理功課尙佳），只不過詩人用詩語言寫出，我對其中三首以「情人意象」寫的詩。最有深刻的心靈感應，爲何？這應和我與胡教授都有追尋「天命情人」雅好，有直接關係。賞讚第一首〈草原之月〉：

跋涉幾千里
來到草原的夢土
在鄂爾渾河畔　蕭蕭的白楊深處
濤濤的松林高處
我終於看到了妳
見證蒼狼子民榮光的妳
八百年的風霜
未曾衰老妳的容顏

妳的溫柔如水
滌淨了我　深沉的憂傷
妳的美麗如昔
解消了我　追尋的迷惘

今夜　萬里無雲
營盤升起了火
馬頭琴拉起了亙古的哀怨
牧民唱出渾厚激昂的歌
草原的今夜屬於妳

美麗的姑娘啊
我心中一盞永不熄滅的燈

二〇一二年七月廿九日寫於蒙古國的 **Dreamland** 原載《秋水》第一五五期

宗教修行常教人「轉念」之法，我讀胡詩，發現他也可以快速轉念，移情入境，達到「情境合一」境界。如這首詩，詩人不過隨秋水詩友到蒙古國旅遊，他轉念成千里跋涉會情人，這心上人住在鄂爾渾河畔，一定是美麗的仙子。果然，八百年風霜，情人依舊年輕美麗，她當然是神仙，而詩人就是神仙「眷屬」了！

情人如靈丹妙藥，難怪世上大家都在找尋情人，詩人見了情人所有問題全解決了。

「妳的溫柔如水／滌淨了我深坑的憂傷／妳的美麗如昔／解消了我　追尋的迷惘」，看這情人多美妙，在未見情人之前的憂傷和迷惘何在?大概就是情人難找難有，找了一輩子才在幾千公里外找到，很辛苦，但值得。有了情人，憂傷沒了，迷網消解了!人生的意義得以詮釋，人生的價值得到肯定。所以，美麗的姑娘，是詩人心中一盞永不熄滅的燈。

爲什麼這首詩中的佳人，一定是「情人」呢?道理很簡單，只有情人俱備「滌淨了我深坑的憂傷解消了我追尋的迷惘」功能，其他角色無此能耐。如果佳人只是心中一盞不熄的燈，那這佳人像「女老師」，傳道、授業、解惑，成爲學生心中的明燈!再賞讀〈沙丘之女〉：

風與沙合力雕塑的高原美女
靜靜地橫陳在山腳下
陽光照射的粉嫩肌膚
閃著琥珀的光
羊群走過

未曾皺皺伊人的曲線
駝鈴響過
未曾驚動伊人的眼簾

我輕輕地撥開沙子
就像風溫柔地撥開貼身的紗麗
沙丘之女於是帶著風的微笑
姍姍地走入我的夢中

二〇一二年七月廿八日寫於蒙古的 Bayan Gobi．原載《秋水》第一五六期

這首詩可做爲胡爾泰在想像力發揮的代表作，司空詩品「超詣」，即能超越尋常也，「言出天地外、思出鬼神表」。劉勰則以「神思」概括藝術想像的發揮，曰：「文之思也，其神遠矣」，所謂「神」即詩人之心靈或精神，所謂「遠」指神的無限寬廣和自由。吾人回到〈沙丘之女〉詩，這美麗佳人不過是沙漠中由風力形成的一堆沙，經「神思」魔術，即成**「陽光照射的粉嫩肌膚／閃著琥珀的光」**，以及伊人的曲線、伊人的眼簾如

何等，神乎其技啊！鬼斧神工！

幸好詩人沒有到處留情，〈沙丘之女〉雖以佳人意象呈現，但並非「情人意識」，只是最後讓佳人姍姍走入詩人夢中，淡化處理詩人和沙丘之女的關係，給讀者留下更多想像空間。再來認識詩人另一位情人，〈阿爾泰的雪〉，她和詩人也有不凡的關係。

這雪
來得有點突然
不是從天空飄落
也不從山溝滑落
只是雪白肌膚的女子
從白色的蒙古包
姍姍地走過
臉上泛著高原的紅
像早開的紅莓

雪之子
姍姍地走過
走過晶晶的草原
走過潺潺的溪流
走入我的夢中
把夢染成一片雪白
雪白之中有金鷹飛過

恰娑啊
夢醒的時候
我願意騎著白馬
進入妳的懷中
傾聽妳的心跳
看著崩雪的春天的腳

如何從金山山麓
一路爬升到山腰

二〇一二年九月．原載《秋水》第一五七期

這首詩的佳人意識是漸進的，像在談戀愛，佳人從路人甲到可以抱在懷裡聽她心跳，有一定的過程。第一段是奇緣的出現，詩人說雪不從天上飄落，是製造驚奇，接著從蒙古包走出一位美女，阿爾泰的雪，是白色蒙古包和有雪白膚色的美女，這美景吸引住詩人。

第二段啓動「情往感物」和「物來動情」機制，此不過「詩興大法」之中階段工夫，便能令該美女主動對詩人產生好印象，且情不自禁的向詩人走來，**「姍姍地走過／走過晶晶的草原／走過潺潺的溪流／走入我的夢中」**。故事到此都算「純潔」，二人入夢把夢染成雪白，但雪白之中有金鷹飛過，意象所指何在？鷹是最善於捕獵物的猛禽，應是指詩人捕獲獵物了。

最後當然是大功造成，修成正果，詩人變成白馬王子抱得美人歸，**「進入妳的懷中／傾聽妳的心跳」**。末段的「恰娑啊」和「看著崩雪的春天的腳」二行，語意不明，意象不清，似可刪略不要。

「邊緣人」，你看到什麼？

胡爾泰除了是高級知識專業教授、浪漫詩人，也是具有宗教情懷、慈悲精神和社會關懷之仁者。這輯「邊緣人」是鐵證，他的作品較少見對國家民族的吶喊，亦極少有對金字塔中上層之頌揚或批判，惟對最底層邊緣人關懷以詩，且關懷得算「普遍」，能特有這份慈悲的菩薩心腸，在詩壇上不多。

《聖》集最後一輯「邊緣人：在消失的地平線」，有〈縴夫之歌〉、〈盲眼女歌手〉、〈艋舺的哥兒們〉、〈高貴的野蠻〉、〈拾荒者〉、〈穿招牌的人〉、〈流浪教師〉、〈獨醒的泳者〉、〈挑夫〉、〈藍騎士〉等詩，詩的情境、意象、形像，都存在台灣社會各角落，幾乎人人碰過，只是少有關心者，詩人入詩更少見。〈縴夫之歌〉是唯一不存在台灣的，也是同胞，凡看過（現地或影片），必被那「驚悚」的畫面對感動落淚：

縴挽著千年的繩索
背負著命運的枷鎖
我們低首踉蹌
奮力地攀登上游
除了芒鞋和自尊
我們身無一物
不論炎夏或寒冬
不管秋晴或春霧

生命的汗水
已流入無情的湍溪
吆喝的聲音
已跌入空蕩的山谷
命運重壓著我們的身軀
我們還是不回頭

用意志縴挽著　命運之舟

河神啊
當我們老去的時候
請將身影貼在陡峭的岩壁上
看著我們的後代
一步步地擺脫
命運的糾葛

二〇一〇年五月一日寫，獻給神農溪畔的縴夫・原載《秋水》第一四八期

幾年前我從網路上看到縴夫影片，亦感悚然！震驚於廿一世紀的中國，論經濟和文明文化都不該存在這樣的行業，若改善環境或至少讓人穿起衣服則可。除非要保存成爲「人類演化博物館」，到底如何？也讓人困惑，回到詩國再看文不文明吧！

原來這是千年苦難的延續，是千年繩索也是命運的枷鎖，是「苦難」爲何不逃呢？神州大地何處不能容身？卻還要幹這代代都除了芒鞋和自尊身無一物的行業，怎不逃

走？難到這裡的人習慣「吃苦當吃補」嗎？豈有此理！

他們也希望擺脫命運的枷鎖，但爲何要從後代開始呢？怎不說「從我開始，老子明天就不幹縴夫，到香港去打拼。」不解、不解，世間有太多無解、不解的習題，只有同詩人祝福縴夫，早日擺脫命運的糾纏，走出屬於自己的一片天。另一首〈盲眼女歌手〉，也賺人熱淚：

寒冷的冬天
太陽躲在雲端瑟縮
枯葉在冷風中飄落
廟埕前的女歌手
婉轉唱出幽怨的曲子
從夢醒時分唱到星夜離別
唱到天空都掉下了眼淚

（再見　我的愛人

雖然我的双目已盲
雖然我再也看不到你的臉龐
我仍然噙著梨花淚為你歌唱
一直到我生命的冬天的最後一夜
一直到春天從你幽暗的心底浮起）

盲眼女歌手的身子
在寒冷中顫抖
悽楚而哀怨的歌聲
在風雨中飄搖

（生命的春天啊
你在何方
呢喃的燕子啊
何時返航）

顫抖的歌聲啊
一直在我的心中迴盪……

二〇一一年元月寫於台北・原載《葡萄園》第一九〇期

也許不少人見過這一幕，也許你佇足聽她唱一曲就忙著趕路，詩人一定是專心傾聽很久，「夢醒時分」和「星夜離別」正好聽到。但歌聲要加上盲眼女歌手的形像，才會更感人。第一段前六行都是「抬轎」，最後一行唱到天空都掉了眼淚是坐轎的「主神」，感染力道全在這一行。天空或者正好下雨，但用「天雨」形容這一幕，表示場面是驚天地、泣鬼神的，人怎能不動容？

中間的道白應是詩人兼編劇編出的故事，讓這幕人間詩劇內容更豐富。當詩人事後要筆之於詩時，顫抖的歌聲仍在心中迴盪，撞擊一顆慈悲的心，產出一首充滿悲憫精神的詩。

台灣社會近二十多年來問題重重，大處和高層不說，光是邊陲邊緣地帶，就出現很多怪現狀，〈穿招牌的人〉和〈流浪教師〉是一小區塊，穿招牌的人立於街角路口，其形像怪異、意家鮮活：

做不成嚇跳麻雀的稻草人
也未能修成結跏趺坐的肉身菩薩
只好把豪宅穿掛在身上當招牌
佔據大馬路的小角落
吸引行人的目光
可是　長久滯銷的時間
卻把他站成一尊雕像
一尊欲言又止的活雕像
靈魂在風中顫抖

二〇一二年二月寫．原載《乾坤》第六十四期

讀者看倌，你明早上班或走過台北街頭，又會看到穿招牌的人，是看到稻草人、肉身菩隆或活雕像；切記！你心中是什麼？看出去就看到什麼？

《聖》集分十輯，各輯我都注意「佳人意象」、女人或情人意識的呈現，唯獨這輯沒有。爲何？邊緣的荒謬性和命運的不可測性特多，理想國也崩解了，佳人何在？桃花源亦幻滅，情人何在？